Loi n° 49-956 du 16 juillet 1949 sur les publications destinées à la jeunesse
ISBN 978-2-09-253196-9

ANNE POUGET

CONTES ET LÉGENDES
LES SEPT MERVEILLES DU MONDE

Illustrations d'Hippolyte

Nathan

I

La Grande Pyramide de Khéops ou Le Secret de la pyramide

La lumière du soir cuivrait la terre, la cime des dunes devenait rose et, par endroits, elle se confondait avec le ciel. Le Nil, d'un vert de jade, coulait avec sérénité à l'ombre des palmiers, portant silencieusement un convoi de barques d'apparat.

L'embarcation principale, dont la proue et la poupe se terminaient en fleurs de lotus, était reconnaissable au baldaquin soutenu par quatre colonnettes sculptées, sous lequel reposait le sarcophage de Khéops[1].

1. Pharaon d'Égypte (2600 av. J.-C. - 2538 ou 2516 av. J.-C.).

Muni d'une longue perche, le timonier[1] pilotait l'esquif avec habileté ; les silhouettes des pleureuses, enveloppées de leur voile, se détachaient sur l'or du couchant. Un prêtre récitait des formules sacrées sous l'œil d'Ernout, la grande prêtresse préférée du défunt pharaon. Sa luxueuse robe bleue brodée d'or, le trait noir qui allongeait ses yeux, perçants comme des dards, rehaussaient son port majestueux.

Pepi-Ankh, le maître embaumeur, attendit la fin des prières rituelles pour s'approcher d'elle et lui souffler :

– Que d'étoiles brillent là-haut !

Ernout scruta le ciel.

– Ces astres sont autant de barques lumineuses qui naviguent sur l'océan céleste, emportant des millions de morts pendant des millions d'années à travers Nou, l'abîme du ciel, répondit-elle d'une voix feutrée.

Ils se turent, laissant la magie du spectacle prendre possession de leurs regards. Devant eux, le Nil ouvrait sa voie de velours à la procession royale des barques. Au loin apparaissait la plus prodigieuse réalisation

1. Celui qui pilote l'embarcation.

architecturale que l'œil humain ait pu voir : la grande pyramide de Khéops.

– Pharaon a été inspiré par les dieux en choisissant le site de Gizeh afin d'y faire construire son tombeau[1], murmura Pepi-Ankh, sur ce ton de la flatterie qui lui avait permis d'atteindre et de garder son rang.

Ernout acquiesça avant de poser fièrement les yeux sur l'impressionnante pyramide. Deux millions de blocs de pierre avaient été nécessaires à son édification, des blocs qui n'avaient pu être transportés que durant la crue du Nil, lorsque l'eau inondait la plaine et parvenait jusqu'au désert.

À présent, le soleil s'abîmait dans les dunes, au pied desquelles une caravane chamelière avançait langoureusement. Les felouques[2] effleuraient la surface de l'eau avec la légèreté de grands oiseaux blancs. Le monde semblait serein pour le dernier voyage de Pharaon…

Le cortège funèbre toucha le sable du débarcadère. Dans un élan collectif, huit hommes soulevèrent

1. En effet, jusqu'alors, tous les pharaons étaient enterrés dans la Vallée des Rois. Khéops innova en choisissant un nouveau site de sépulture, à Gizeh.
2. Petit bateau à voile du Nil.

le sarcophage de Pharaon et le portèrent jusqu'à terre où, à la lueur de quelques torches, ils le posèrent sur un traîneau richement paré.

D'une embarcation secondaire descendirent les prêtres et les officiants funéraires, tout de blanc vêtus, ainsi que les gens des grandes familles d'Égypte et quelques dignitaires.

Bien que la nuit fût tranquille, Ernout entendait un tumulte léger, un bourdonnement de voix, de rumeurs, de soupirs ; les chuchotements agités d'une tribu qui se plaint à voix basse.

– Écoute-les qui conspirent ! murmura-t-elle.

– Qu'as-tu dit ? s'étonna Pepi-Ankh.

La grande prêtresse se ravisa.

– Rien… J'écoutais les bruits qui peuplent le silence de la nuit…

Se détachant du groupe des prêtres, Kenêf, le plus âgé d'entre eux, s'avança d'un pas. Il s'arrêta devant Ernout et lui dit :

– Ô prêtresse sacrée, nous nous prosternons en toute humilité devant toi, qui as été choisie pour présider cette cérémonie. Il n'en fallait pas moins pour un pharaon comme Khéops, le premier à s'identifier à Râ, dieu-soleil, et à monter de son vivant parmi les dieux.

Ernout approuva d'un simple mouvement de tête. Elle savait combien Khéops avait porté ombrage à certains prêtres comme l'intrigant Kenêf qui, en ce moment, flattait la mémoire de Pharaon par des paroles hypocrites. En effet, jusqu'aux bouleversements apportés par Khéops, les prêtres, intermédiaires entre l'homme et les dieux, avaient exercé une influence considérable sur le peuple, les fonctionnaires et le pharaon lui-même. Les offrandes de ces derniers leur avaient toujours assuré richesse et pouvoir. En s'identifiant à Râ, Khéops n'avait plus eu besoin de médiateurs. Il avait de fait balayé le prestige des prêtres, frustré leur autorité, amoindri leurs revenus. Irrités, ceux-ci avaient intrigué contre Pharaon de son vivant et à présent, Ernout savait que, rongés par le désir de vengeance, ils tenteraient de s'en prendre à la momie de Khéops afin de lui retirer toute possibilité de vie éternelle.

Chargés de porter leur roi jusqu'à sa dernière demeure, les ministres du temple prirent la tête du cortège. Devant eux, tout en lisant les formules rituelles sur un rouleau de papyrus, le prêtre lecteur répandait de l'eau sacrée par terre.

Une avenue pavée de pierres massives conduisait à la pyramide dont le sommet semblait toucher les étoiles. À mesure que la foule s'approchait du monument, elle se sentait écrasée par sa taille imposante.

Des voix bruissaient, des bourdonnements couraient dans les rangs des accompagnateurs. Souhab, l'intendant des offrandes, avait imprimé à ses pas le rythme de ceux de Kenêf.

– Nous voilà bien avancés, grommelait Souhab. Comment pourrons-nous nous introduire jusqu'à la chambre de Khéops ? Seule Ernout connaît le secret de cette pyramide. Et elle a pris la précaution de toujours faire commencer une pièce ou un couloir par un groupe d'ouvriers pour le faire achever par un autre !

Kenêf jeta un regard circulaire alentour et, s'étant assuré que nulle oreille indiscrète n'écoutait leur conversation, il répondit :

– N'avons-nous pas su ruser avec Pharaon de son vivant ?

– Si, concéda son complice.

– Alors, pourquoi aurais-tu peur de cette femme ? Elle a beau vouloir tout maîtriser, elle a négligé le fait qu'en nous conviant à la cérémonie, elle nous permet de connaître l'emplacement de la chambre funéraire et que nous pourrons ainsi mettre notre plan à exécution…

– Tu as raison : une femme est une femme, incapable de régenter le monde avec intelligence, ricana Souhab, rassuré.

Le convoi mortuaire arriva au pied de la pyramide. Dès que la famille royale, et derrière elle la foule, se furent ordonnées autour du sarcophage, la grande prêtresse prit la parole :

– Chers amis et fidèles sujets de notre bien-aimé Pharaon… Comme vous le savez, cette pyramide est la grande idée de Khéops. Élu nouveau dieu solaire, il a conçu cet endroit pour lui servir de monument funéraire, mais aussi comme un temple dédié à Râ, le dieu qui fait monter et baisser le Nil et règne sur les deux parties du monde.

La lueur des flambeaux, que tenait une escorte d'esclaves, trouait la nuit de ses vibrants halos.

Soudain, sentant le regard perçant d'Ernout se poser sur lui alors qu'elle prononçait son discours, Kenêf prit une attitude faussement soumise. Mal à l'aise, il soupira de soulagement quand les yeux de la prêtresse se détournèrent de lui.

Son propos terminé, Ernout prit la tête de la procession qui devait conduire Pharaon à son lieu de repos éternel. Seuls autorisés à pénétrer dans la pyramide pour le rituel, les prêtres la suivirent.

Torche en main, elle ouvrit la marche dans une longue galerie obscure. Éclairés par la trajectoire lumineuse du flambeau, les murs dévoilaient, à mesure de la progression du cortège, les textes des incantations destinées à aider le pharaon à passer sans encombre dans l'au-delà.

Enfin, la procession arriva dans la chambre où dormirait Khéops.

Une immense fresque représentait le dieu Râ mettant l'anse de l'*Ankh*[1] sous le nez de Pharaon, signe qu'il lui accordait le souffle de la vie éternelle.

Au-dessus de l'endroit où reposerait le sarcophage,

---

1. La croix de vie égyptienne.

une plaque portait l'inscription : « Celui qui m'a trahi mourra le jour où s'animera la statue d'Osiris[1] ».

Les prêtres y déposèrent la dépouille de Pharaon et, à ses côtés, les vases canopes[2].

Le rituel terminé, la grande prêtresse annonça :

– Pour fêter le passage dans l'au-delà de Pharaon, ses sujets les plus dignes sont conviés à un festin... Venez ! J'ai fait servir en votre honneur un somptueux banquet dans la salle des trésors.

Méfiants, les prêtres suivirent Ernout dans un corridor étroit qui débouchait dans une pièce égayée de fresques colorées, où de petites tables en bois à pieds d'ivoire étaient disposées. Le long des murs, des guéridons regorgeaient de nourriture et de boissons.

– Quelle abondance de biens ! s'exclama Kenêf. Voilà servis ici plus de mets que toute l'aristocratie des deux Égyptes[3] n'en pourrait engloutir.

– Donnons-nous-en à cœur joie et jaugeons cette nuit la capacité de nos estomacs ! déclara Hib.

---

1. Dieu des morts.
2. Vases funéraires contenant les entrailles du pharaon, recueillies au moment de l'embaumement.
3. L'Égypte est composée de deux royaumes, la Haute et la Basse-Égypte.

La prunelle froide d'Ernout glaça Souhab d'effroi. Se souvenant de l'étrange inscription dans la chambre funéraire, il murmura à Kenêf :

– « Quand s'animera la statue d'Osiris. » Qu'est-ce que cela signifie ? Quelle est cette statue ? Que nous prépare cette femme ?

Sûr de lui, Kenêf lui rétorqua :

– Qu'importe ! Une statue est faite de bois ou de granit et, par conséquent, elle ne peut s'animer !

Peu rassuré, Souhab insista :

– Peut-être est-ce là une malédiction ? Un oracle ?

Ernout coupa court à leurs chuchotements. D'une voix posée, elle reprit la parole :

– Chacun de vous, à sa manière, a servi le grand Khéops durant son règne empli de sagesse, et ainsi chacun de vous a mérité de prendre place à ce banquet. Ne restez pas debout, nobles prêtres, installez-vous.

Intrigué, chacun prit place à table.

Sur un signe d'Ernout, un esclave apporta un plateau où s'ordonnaient des coupes, toutes différentes.

La prêtresse saisit la première, la posa devant Kenêf :

– Pour toi, prêtre suprême de Ptah, cette coupe d'albâtre ciselé… fragile comme la puissance !

Kenêf sentit monter en lui un malaise, qui ne se dissipa que lorsque le regard inquiétant de la prêtresse le lâcha pour plonger dans les yeux noirs de Souhab :

– Pour toi, grand embaumeur, cette coupe d'ébène, à l'image des ténèbres destinées aux âmes sombres.

Elle lui frôla la main avec la délicatesse d'un papillon avant de s'emparer d'une autre coupe, qu'elle tendit au prêtre suivant :

– Pour toi, Ankher, cette coupe où un serpent s'enroule pour tenter de s'abreuver à la source des dieux.

Elle posa enfin ses yeux savamment soulignés de noir sur Hib :

– Et pour toi, fidèle conseiller, cette coupe en forme de gueule de lion…

– Louerais-tu mon courage ? demanda le prêtre sur un ton faussement modeste.

Ernout se contenta d'un sourire énigmatique qui plongea Kenêf dans la plus grande perplexité. Il savait, pour le connaître, qu'Hib était loin d'être un lion, sinon par sa voracité.

La prêtresse prit pour elle la dernière coupe, simplement composée de pâte de verre et, la levant, elle déclara solennellement :

– Buvons, mes amis !

Un instant, tous les gestes restèrent en suspens. Se délectant de la peur de ses convives, Ernout but d'un trait. Alors, seulement, les autres s'exécutèrent en se libérant d'un soupir de soulagement.

Peu après avoir vidé son verre, Souhab se pencha vers Kenêf :

– Vois, dans l'angle, la statue à l'effigie d'Osiris.

Après avoir détourné le regard, fixé un instant la sculpture, Kenêf répondit :

– Et alors ? Je la vois bien, mon ami, et je constate qu'elle est froide comme la pierre, possède une bouche qui ne dit rien, des oreilles qui n'entendent pas ; quant à ses jambes, elles ne sont pas près de bouger !

En frappant dans ses mains, Ernout les fit sursauter.

– Mes amis, profitez du festin servi en l'honneur du voyageur de l'au-delà.

Pour conjurer sa peur, Souhab leva sa coupe et, un sourire forcé sur les lèvres, il s'exclama :

– Merci à toi, grande prêtresse, nous buvons à ta longue vie.

Ernout donna l'ordre aux esclaves d'apporter les plats, puis, s'adressant à tous les convives :

– Ce n'est pas moi qui vous offre ce festin, mais le Nil, qui régente notre calendrier. Comme il nourrit la terre de son limon, il offre à cette table scs mets les plus exquis : poissons divers, tortues d'eau douce, mais également bananes, dattes, ou grenades. C'est le Nil aussi qui pare ce festin de lotus bleu et de mimosa... Mais tout cela n'est rendu possible que par la bienveillance de Râ, le dieu soleil... Alors, buvez donc et mangez, rendez grâce au Nil, à Râ, à Khéops !

Elle appela le préposé aux vins en frappant des mains :

– Fais circuler le vin, Oûni, mais verse avec modération ; je ne voudrais pas que l'ivresse gagne trop vite mes convives, car je souhaite qu'ils se réservent et profitent bien de tous les plaisirs que je leur ai préparés.

Le repas commença, agrémenté par des danses, bercé par la viole, la double flûte, les chœurs des esclaves.

Profitant d'une pause, Ernout s'approcha de Kenêf et lui demanda, sur un ton enjoué :

– Donne-moi ton avis sur ce vin.

Alangui par l'ambiance ouatée, le prêtre gloussa :

– Le Nil, assurément, n'a pas produit de bienfait plus suave. Il fait naître dans tout le corps une douce chaleur !

– Mais je vous réserve bien d'autres breuvages...

Puis, élevant la voix :

– Oûni, fais circuler le vin de grenade, le sirop de raisin au miel, la bière. Hâte-toi, tu vois bien que les coupes se vident !

Peu à peu, les prêtres se détendirent, les rires fusèrent. La joie semblait avoir gagné tous les convives.

– Ne trouvez-vous pas que la salle s'assombrit ? demanda soudain Hib, à moitié ivre.

Lui-même grisé par le vin, Ankher lui répondit, moqueur :

– C'est ton esprit qui se trouble...

Une nouvelle fois envahi par un sentiment étrange, Souhab fixa la statue, qu'il n'avait cessé de surveiller depuis le début du festin. Il la pointa enfin du doigt et, se penchant vers Kenêf :

– Regarde… Il me semble qu'elle a bougé ! Qu'elle se perd dans l'obscurité grandissante…

Pour toute réponse, son ami éructa.

– Pourquoi éteignez-vous les torches ? gémit Souhab, inquiet.

Personne ne lui répondit. Toujours obsédé par l'oracle, il revint à la charge auprès de Kenêf :

– Regarde la statue d'Osiris, je te dis qu'elle a bougé !

– Tu perds l'esprit, répondit son complice, grisé.

Il leva sa coupe vide et ordonna :

– À boire ! Choristes, chantez quelques hymnes à la gloire des dieux !

Puis soudain, comme si une main invisible venait de le gifler, Kenêf sembla reprendre conscience et lança à voix haute :

– Pourquoi ce morne silence ?

Se redressant dans son fauteuil, Hib se tourna vers l'endroit où se tenaient les chœurs. Ils avaient disparu ! Il bredouilla, hagard :

– Où sont les choristes ? L'échanson ?

Le prêtre tituba, fit tomber sa coupe. Kenêf se leva à son tour, les yeux écarquillés.

– Les esclaves… Ernout… Ils ont tous disparu !

Pétrifié, Souhab répéta, terrorisé :

– Vois la statue ! Je te dis qu'elle a bougé !

Kenêf ne l'écoutait plus. Tendant l'oreille, il demanda :

– Quel est ce bruit ?

Tous les prêtres se figèrent, troublés.

– Ce n'est que le vent, répondit Ankher sans trop y croire, comme s'il voulait s'en convaincre.

– Le vent ?… Le vent… répéta Kenêf.

Après un long silence, il ajouta :

– Combien de marches avons-nous descendues pour venir en ce lieu ?

L'esprit encore embué par l'alcool, Hib fit péniblement l'inventaire :

– Nous avons descendu plusieurs niveaux pour atteindre la chambre funéraire, puis de nombreuses marches pour arriver en ce lieu…

La conclusion de Kenêf finit de les horrifier :

– Je serais surpris que ce soit le vent : il faudrait qu'il soufflât bien fort pour se faire entendre aussi distinctement ici !

Ils tendirent de nouveau l'oreille.

– On croirait… un char qui roule, murmura Souhab.

– Ou… un mur qui s'écroule, renchérit Kenêf.

– La pluie ?… Mais non, il ne pleut jamais ! rectifia Hib : on dirait plutôt… de l'eau qui ruisselle !

Une voix s'éleva alors dans l'ombre, ferme et terrifiante :

– Ne sont-ce pas les gémissements et les pleurs d'un peuple voyant ses prêtres trahir Pharaon et comploter contre lui ?

La statue d'Osiris pivota.

– Vous avez vu ? Vous avez vu ? Je vous avais bien dit qu'elle se mouvait ! lâcha Souhab, épouvanté.

Inquiets quant à leur destin, les prêtres attendirent, terrifiés. Dans la pénombre, on n'entendait qu'un léger ruissellement, on ne voyait que les yeux des statues chats, grands ouverts et phosphorescents, semblables à des lampes fantastiques.

– La vengeance de Khéops ! lâcha Souhab comme une évidence.

Soudain, tous les regards se fixèrent sur l'eau qui s'infiltrait dans la pièce par de nombreux interstices.

– Le Nil ! Nous sommes sous le niveau du Nil ! hurla Ankher.

Comme un seul homme, les prêtres réagirent et se précipitèrent pour tenter de retenir l'eau qui pénétrait maintenant avec force. Bientôt, le flot les repoussa et les fit rouler sur le sol où, déjà, flottaient les tables renversées.

De l'autre côté du mur, Ernout savourait sa vengeance.

Lorsque le silence fut total, lorsqu'elle eut la certitude que tous les prêtres avaient péri noyés, elle commanda sèchement aux ouvriers :

– Gravez ceci sur cette porte : « Ici se sont mêlés l'eau, le vin et le sang. Ici, dans cette sépulture à jamais close, gisent les traîtres à Pharaon, châtiés d'une main juste pour avoir comploté contre le grand Khéops. Que leur sang impur pénètre la dalle, s'infiltre dans la terre et soit emporté par les eaux sacrées du Nil dans le plus profond des abîmes d'Osiris. »

Entendant la sentence de leur maîtresse, les esclaves, l'échanson, les danseurs et les musiciens la fixèrent avec terreur. Le ton de la prêtresse se radoucit.

– Je sais ce qui imprime cette peur dans vos yeux. Vous vous demandez : « allons-nous connaître le même sort ? ». À cela je réponds : allez sans crainte, car nul d'entre vous n'a trahi Pharaon, et il n'a aucune raison de se venger de vous. Affairés aux préparatifs du festin, vous n'avez pas suivi le cortège et, par conséquent, vous ignorez où se trouve la chambre funéraire. Le secret de la pyramide sera bien gardé, ce temple inviolé, pour l'éternité…

Ensemble, ils remontèrent et sortirent de la pyramide. Déjà des ouvriers s'activaient pour boucher et masquer l'entrée.

Le regard d'Ernout se porta sur l'horizon. Les palmiers s'éventaient de leurs aigrettes, le grand pays plat, baigné de la douce lumière matinale, s'éveillait sous le ciel teinté de pourpre azuré. En prêtant l'oreille, on pouvait entendre le braiment des ânes, le chant de la grenouille.

Les eaux du Nil, qui avaient été conduites par une canalisation secrète jusqu'à la pyramide, avaient lavé l'outrage. Râ pouvait briller sur le monde et Osiris, apaisé par ce sacrifice, éclairait la route de Pharaon vers l'au-delà…

II

Les Jardins suspendus de Babylone ou La Colombe du désert

Amytis[1] gravit les marches des jardins, conçus en terrasses superposées et réputés pour être les plus beaux que l'esprit humain ait imaginés.

Parvenue à l'étage qui supportait les plantations les plus légères, elle se réfugia sous l'ombrelle d'un tamaris, laissa le paysage envoûter son regard mélancolique : le ciel était bleu, le soleil brûlant.

1. Fille de Cyaxare, roi de Médie, et épouse du roi Nabuchodonosor II, (630 av. J.-C.- 562 av. J.-C.), roi de Babylone et conquérant de Jérusalem.

Le jardinier royal, qu'elle n'avait pas vu approcher, s'inclina devant elle.

– Je te salue humblement, vénérée reine.

– Bonjour à toi, cher Almikar. Daigneras-tu m'accompagner dans ma promenade ?

Le plus naturellement du monde, le vieil homme imprima son pas à celui de la souveraine et ils progressèrent à l'ombre des frondaisons. Toutes les espèces d'arbres connues se côtoyaient dans ce lieu enchanteur où singes, mangoustes, gazelles au museau brillant, orgueilleux paons venus d'Asie lointaine, s'ébattaient pour le plus grand plaisir des yeux.

– Je suis inquiet, car deux pins d'Alep se couvrent de plaques noirâtres, confia enfin le jardinier.

Amytis indiqua une niche de verdure à son compagnon.

– Viens, asseyons-nous un instant.

Le vieil homme à la barbe mangée par les fils argentés du temps attendit que la reine se fût installée, avant de prendre place près d'elle en pliant son corps ankylosé.

– Ah ! Mes jambes deviennent de plus en plus paresseuses, admit-il.

La reine remarqua les épaules osseuses et voûtées d'Almikar.

– Depuis quand es-tu au service du grand Nabuchodonosor ?

Le regard vif du vieillard croisa celui de la souveraine, le temps d'une étincelle.

– Cela fait si longtemps que j'ai parfois l'impression de n'avoir rien connu d'autre que cet endroit. Je suis un peu comme l'un de ces arbres, qui même s'il n'est pas né sur cette terre y a pris racine et fait à présent corps avec elle…

Cette réponse toucha la princesse au plus profond de son cœur ; elle-même, arrachée à son pays natal, la Médie, pour épouser Nabuchodonosor, se sentait comme un arbre déraciné.

– Cher jardinier… J'ai bien peur que mon caprice n'ait, au fil des ans, épuisé toutes tes forces !

D'une voix douce et chaleureuse, Almikar lui répondit :

– La nostalgie de sa terre natale n'est point caprice, noble Amytis.

Elle se tourna vers celui qui, d'une certaine manière, partageait son destin, et lâcha dans un soupir :

– Comme moi tu connais les langueurs de l'exil, n'est-ce pas ?

Le vieil homme posa sur la reine un regard empreint de compassion : il savait combien elle se mourait d'ennui loin des vallées fertiles et verdoyantes de Médie, même si Nabuchodonosor, pour dissiper la mélancolie de sa jeune épouse, avait fait émerger ce jardin magnifique en plein désert et fait venir à Babylone[1] les plantes des quatre coins de la terre à grands frais…

– Oui, soupira-t-il. C'est la guerre qui m'a forcé à quitter Damas[2], la ville où j'ai vu le jour. Je m'étais installé sur les rives du fleuve Tigre lorsque j'ai appris que le roi Nabuchodonosor, ton époux, avait décidé de construire ces jardins pour toi. Ayant jadis occupé un poste de jardinier chez un prince, je me suis présenté au palais pour proposer mes services…

Comme s'il se sentait gêné de rester là sans rien faire, Almikar se leva et alla arracher quelques mauvaises herbes dans un parterre de fleurs.

---

1. Également appelée Ninive, Babylone se situait en Mésopotamie, aujourd'hui Irak, près d'une ville nommée Mossoul.
2. Capitale de la Syrie.

– On raconte que tes compétences dépassent le simple jardinage ; je parle du système ingénieux d'irrigation que tu as mis en place ! précisa Amytis.

Voyant que la curiosité avait allumé les yeux de la reine, dissipant pour un temps sa nostalgie, Almikar proposa :

– Veux-tu que je t'explique ?

Elle accueillit cette demande avec le plus grand plaisir et s'approcha d'un muret au pied duquel, dans un bassin, des nénuphars balançaient leurs corolles épaisses.

– Ces jardins, je les ai recréés tels que la reine Sémiramis, jadis, les avait pensés… débuta le jardinier.

– Sémiramis ? La légendaire reine de Babylone ? demanda Amytis. Moi qui n'ai d'autre occupation que de me promener en ce paradis, je n'ai jamais rien accompli de glorieux, tandis qu'on répète le nom de cette souveraine jusqu'aux confins du monde habité… Viens, marchons pendant que tu me raconteras.

De cette voix douce et posée qui caractérise les conteurs, Almikar commença :

– Ah, la légendaire Sémiramis… Sais-tu que, dès sa naissance, la première reine de Babylone a été marquée par l'empreinte des dieux ?

Il jeta un regard attendri à Amytis, qui l'écoutait comme une enfant avide d'histoires fabuleuses. Il poursuivit :

– Un jour, une déesse tomba amoureuse d'un beau mortel et de leur union naquit une petite fille. Les dieux, offensés par cette alliance contre nature, obligèrent la déesse à abandonner le bébé qu'elle venait de mettre au monde. Mais le destin, qui seul veut décider du devenir des hommes, ne l'entendit pas de cette oreille et laissa la vie à l'enfant.

Almikar s'était arrêté pour redresser un rosier des Indes qui croulait sous sa floraison.

– Mais comment a-t-elle pu survivre ? interrogea Amytis, impatiente d'entendre la suite de l'histoire.

Heureux d'avoir su capter l'attention de la reine, Almikar reprit le fil de son récit :

– La petite fille grandit, nourrie du lait que les oiseaux volaient dans les bergeries et qu'ils lui rapportaient dans leur gosier. Il advint que le prévôt royal remarquât le manège des oiseaux et se rendît un jour à l'endroit où ils avaient coutume de se réunir… Ainsi fut découverte l'enfant dont je te parle. Le prévôt la trouva si belle, il fut à ce point ému par ce miracle qu'il l'adopta. Comme elle n'avait pas de prénom, il lui donna celui de *Sémiramis*[1].

Tout en l'écoutant, Amytis avait détaché une fleur de jasmin, qu'elle frottait entre ses mains pour en respirer le subtil parfum.

Le vieux jardinier attarda son regard sur un pistachier, dont les petites grappes se balançaient au dessus d'un parterre richement fleuri.

– Ne t'arrête pas, je t'en prie ! insista la reine. On prétend que Sémiramis avait la volonté d'un homme !

Approuvant d'un signe de tête, Almikar poursuivit :

– Ce que l'on dit est vrai… À la mort du roi Ninus[2], son mari, la veuve qu'elle était montra des qualités bien supérieures à sa légendaire beauté ; car, si la nature lui avait donné le corps d'une femme, ses actions l'ont rendue égale au plus vaillant des guerriers. Avec poigne, elle a régi l'empire jusqu'aux bornes du monde habité. Sais-tu qu'avant elle, aucun Assyrien

1. Mot qui signifie « qui vient des colombes » en langue syrienne.
2. Ninus est donné par la légende comme le premier roi des Assyriens (env. 3000 av. J.-C.). En dix-sept ans de règne, il fonda un immense empire, soumit les cités les unes après les autres et se fit maître de toute l'Asie à l'exception de l'Inde.

n'avait vu la mer ? Eh bien, Sémiramis en a vu quatre, que personne n'avait jamais abordées tant elles étaient éloignées ! Et elle ne s'est pas arrêtée là ! Elle a contraint les fleuves à couler où elle le voulait. Combien de terres stériles a-t-elle ainsi rendues fécondes ? Elle a élevé des forteresses imprenables, percé des routes à travers des rochers, permettant à ses chariots de se frayer des chemins sur des terres que même les bêtes féroces n'avaient jamais foulées. Ah ! Rien ne pouvait arrêter cette femme hors du commun, qui a mené et fait gagner bien des batailles à son armée...

– Et elle a tout de même pris le temps de faire sortir de terre la cité de Babylone ? coupa encore Amytis, emportée par le récit de ses innombrables exploits.

Avec sa bouche bée et ses yeux grands ouverts, ses joues rosies, la jeune reine avait la candeur d'une enfant. La voyant suspendue à ses lèvres, touché par sa fraîcheur, Almikar poursuivit :

– Oui, Babylone... Née tout entière de l'imagination de Sémiramis. Sais-tu que trois millions de prisonniers l'ont édifiée sur les deux côtés du fleuve Tigre en seulement 365 jours ?

– Et parmi toutes les splendeurs dont elle a doté la cité, elle a fait construire ce jardin merveilleux, soupira Amytis.

– Oui, celui-là même où tu es assise en ce moment. À la fin de sa vie, épuisée par les guerres, elle a décidé de se retirer du monde et a conçu cet endroit pour y puiser un peu de paix. Pour les irriguer, elle a fait installer des pompes à eau dans le fleuve Tigre. C'est cette idée que j'ai reprise et qui m'a valu d'être choisi par ton époux pour recréer ce jardin qui avait été laissé à l'abandon après que Sémiramis s'en fut allée…

Amytis observa avec minutie la pompe destinée à monter l'eau jusqu'à la troisième terrasse, comme si elle y cherchait le souvenir de la légendaire reine de Babylone. Son regard se promena ensuite sur les larges canaux de brique qui irriguaient continuellement chaque étage de cette oasis de verdure, joyau posé en plein cœur du désert.

– Si mon destin n'est nullement lié à celui de Sémiramis, notre âme l'est par ce jardin exceptionnel, soupira la reine, mélancolique.

Puis, se tournant vers Almikar, elle lui demanda abruptement :

– Que représente ce jardin pour toi ?

Le vieil homme réfléchit, le regard perdu dans le lointain, avant de répondre :

– J'aime les plantes, et ici, je me sens bien. Ce travail convient à mes vieux os et je prends autant de soin à entretenir ce lieu que toi à t'y promener. Et si je peux être l'artisan de ton bonheur par mon travail, alors cela me rend heureux et fier.

Craignant d'abuser de la patience de la souveraine, gêné d'avoir à ce point dévoilé ses sentiments, le vieil homme se mit en devoir de reprendre son ouvrage. Mais Amytis, charmée, n'avait visiblement pas envie de le voir partir ; ainsi le retint-elle :

– Avant de prendre congé, dis-moi comment est morte la première reine de Babylone.

Conscient qu'elle connaissait la fin de l'histoire, et comprenant qu'elle avait envie de prolonger l'instant magique, le vieux jardinier conclut de sa voix posée :

– Une légende meurt-elle ? Sémiramis ne connut pas la fin d'une simple mortelle. Lorsqu'arriva la fin de sa vie sur terre – n'oublie pas sa naissance divine –, elle fut changée en colombe et s'envola avec des centaines d'oiseaux dans un ciel illuminé.

Voyant la reine rêveuse, Almikar s'éclipsa sans faire de bruit. Cette fois, elle ne le rappela pas.

Restée seule, Amytis longea les murailles de brique recouvertes de fleurs grimpantes. Elle promena son regard sur les rosiers du Kurdistan, qui exhalaient leur parfum sur les pelouses bien entretenues.

En contrebas, des colombes s'ébattaient au bord d'une mare artificielle telle une nuée de jeunes vierges s'éclaboussant à l'eau fraîche d'une rivière. Soudain, l'une d'elles prit son envol et vint se poser sur le muret près duquel se tenait la jeune reine. L'oiseau roucoula longuement.

Comme si elle y percevait quelque signe, Amytis murmura :

– Bonjour, belle colombe. J'aime à penser que tu es Sémiramis, la première reine de Babylone, qui vient goûter au calme de ce lieu paisible... Vois : ma faiblesse, mon ennui, ont fait que revivent les jardins auxquels ta volonté et ton courage avaient donné le jour... Nous sommes toutes deux liées à leur destin, si proches et pourtant si dissemblables, n'est-ce pas ?

Sans doute effrayée par l'apparition soudaine d'un écureuil, la colombe s'en alla à tire-d'aile.

– Reviens me voir, je t'en prie ! lança la princesse.

Un coup d'œil circulaire rassura Amytis : elle était seule. Si quelque esclave jardinier l'avait vu parler à un oiseau !

Après avoir une fois encore contemplé la plaine, comme le soleil qui regarde le monde à la lisière du jour, elle rebroussa chemin pour regagner le palais... Demain, oui, demain elle reviendrait voir si la colombe...

– Et si elle est encore là, il ne peut s'agir que de Sémiramis... conclut la princesse, habitée par un nouveau rêve.

III

La Statue de Zeus ou Le Triomphe du dieu de l'Olympe

Craignant que la folie sanguinaire du cruel Caligula[1] ne provoque une guerre où elle aurait eu beaucoup à perdre, la Grèce accepta que l'empereur romain visite ses territoires. Pour flatter ses ambitions, on dépêcha des ambassadeurs de chaque cité, qui tous tremblaient à l'idée de sa cruauté : ne faisait-il pas mettre à mort celui qui osait seulement bâiller devant lui ?

1. Empereur de Rome qui a régné de 37 à 41 après J.-C..

Ne faisait-il pas nourrir ses fauves en leur livrant des innocents en pâture ?

Ainsi laissa-t-on cet hôte encombrant se promener dans toutes les cités, piller les temples pour embellir ses palais, la rage au cœur, mais en silence.

Lorsque Caligula avait manifesté le désir de concourir aux Jeux olympiques, on avait même organisé des jeux spécialement pour lui, en prenant soin de le laisser gagner dans toutes les disciplines.

À présent, celui qui se targuait d'avoir remporté le plus d'épreuves était gonflé d'orgueil et paré de la cuirasse d'Alexandre le Grand, qu'il avait fait arracher à son tombeau. Il gravissait, en compagnie d'une belle escorte, la voie sacrée de la cité d'Olympie.

L'empereur passa devant l'olivier sacré d'Athéna servant à confectionner les palmes offertes aux vainqueurs des Jeux et interrogea le général romain qui l'accompagnait :

– Crois-tu, cher Marcius, que mon nom va évincer celui de tous les dieux du stade ?

– Je n'en doute pas, *Imperator*, car ta gloire dépasse toutes les frontières ! mentit Marcius, qui flattait Caligula autant que Rome ou la Grèce tout entière.

L'empereur s'arrêta, plissa les paupières, regarda le général avec concentration avant de déclarer :

– Alors, puisque nul ne m'égalera plus en triomphe aux olympiades, à quoi bon leur laisser cet olivier ? Mieux que ses palmes, c'est l'arbre tout entier qui me revient... Fais-le déraciner, Marcius, nous l'emportons !

On retint son souffle dans le cortège, les regards s'affolèrent, mais nul archonte[1], nul prêtre ne fut assez téméraire pour réagir. Réjoui par cette décision, Caligula emmena son escorte :

– Allons voir à présent la fameuse statue du Zeus que l'on honore à Olympie et qui est déclarée merveille du monde ! Eh ! Toi, là... Rappelle-moi le nom de son sculpteur.

Le prêtre Calixos, que l'empereur venait d'apostropher, se racla la gorge :

– C'est à l'Athénien Phidias[2] que Périclès[3] avait confié l'œuvre, grand Imperator.

1. Magistrat civil.
2. Sculpteur et architecte, Phidias (490 av. J.-C. - 430 av. J.-C.) fut également l'architecte de l'Acropole d'Athènes.
3. Homme d'État athénien (495 av. J.-C. - 429 av. J.-C.). Son influence fut si grande à son époque que l'on surnomme cette période « le siècle de Périclès ».

L'empereur s'arrêta et le fixa intensément, le temps d'écouter sa réponse, puis se remit en marche. À mesure qu'il approchait du temple où trônait la statue monumentale, Caligula s'extasiait de plus en plus fort.

– Regarde ! Regarde l'originalité du toit ! cria-t-il soudain.

L'architecte Libon avait imaginé en guise de tuiles des petits panneaux de marbre taillés. À chaque coin était posé un vase doré, et, au faîte, une statue en or de Niké, la déesse de la Victoire. Le pourtour était décoré de 21 boucliers dorés, ainsi que de différents dieux disputant une course de chars.

La narine palpitante, le regard attisé par la convoitise, l'empereur romain franchit le seuil du monument en compagnie de sa suite.

Là, Zeus, le père de tous les dieux, s'imposa aux regards, arrachant des exclamations d'émerveillement aux Romains, qui n'avaient jamais rien vu d'aussi beau.

S'adressant à nouveau à Calixos, Caligula demanda :

– Dis-moi, quelle est la hauteur de la statue ?

– 41 pieds[1], balbutia le prêtre, sur un ton où se mêlaient la crainte et la fierté.

Bien campé sur ses jambes écartées, Caligula considéra l'œuvre monumentale. Zeus, dont la tête touchait le plafond, semblait littéralement écraser ceux qui se tenaient à ses pieds. Une statuette représentant la victoire dans sa main droite, le sceptre du pouvoir surmonté d'un aigle dans l'autre, il était souverain. Son visage, ses bras, son torse et ses pieds étaient en ivoire, tandis que sa chevelure, sa barbe, ses sandales, ainsi que la draperie qui enveloppait son corps, étaient en or. Le trône, d'ivoire et d'ébène, serti d'or et de pierres précieuses, était tout aussi époustouflant.

L'Imperator se gratta machinalement le ventre sans se soucier de l'épaisseur de son armure.

– Crois-tu que cette statue est plus belle que mon autre Moi ? demanda-t-il enfin à Marcius en levant un sourcil.

Le général trembla, hésitant sur la réponse à donner. Cet autre Moi était une statue en or sculptée de

1. 13 mètres.

Caligula, que l'on revêtait chaque matin des mêmes vêtements que l'Imperator. Elle se dressait, luisant au soleil, à l'entrée du palais impérial.

Marcius toussota et, voyant le visage de l'empereur exprimer l'impatience, il lâcha d'un trait :

– Il me semble, ô vénérable maître du monde, que rien sur cette misérable terre ne sera jamais à la hauteur de ta gloire, car rien n'est plus grand que toi.

Décomposé, Marcius guetta la réaction du tyran. Le sourcil se rabaissa, un sourire béat agrandit enfin la bouche épaisse et molle de Caligula.

– Tu as bien raison, approuva l'empereur, ravi.

L'assemblée de notables, qui avait retenu son souffle, soupira de soulagement. Mais eût-elle tôt fait de respirer à nouveau qu'elle l'entendit annoncer :

– Nous allons la transporter à Rome ! Nos artistes la remodèleront à ma ressemblance et je la ferai placer dans un temple identique à celui-ci, que je construirai dans mon palais.

Des chuchotements se firent entendre, qu'une volte-face de l'empereur arrêta en partie. Un archonte s'approcha, le front en sueur.

– Divin empereur, je crains que la chose ne soit… heu… impossible…

Il avait à peine osé articuler son objection.

À nouveau, le sourcil de Caligula se souleva, menaçant :

– Et pour quelle raison ? coupa-t-il.

Cherchant dans le regard des Grecs présents quelque encouragement, l'archonte avala douloureusement sa salive et bredouilla :

– C'est qu'un tel acte serait considéré comme sacrilège ! Cette statue représente le plus grand des dieux de l'Olympe, et…

Le regard noir de l'empereur lança des éclairs et, un instant, l'archonte crut que sa dernière heure avait sonné.

Aucun de ses concitoyens n'allait-il venir à la rescousse ? Aucun magistrat n'aurait-il assez de courage pour le soutenir ? Le souffle court, le malheureux attendit la sentence de l'empereur.

Le temps lui parut éternel. Son regard terrifié allait du sourcil de Caligula, en accent circonflexe, à sa bouche, qui se tordait dans une moue antipathique. Soudain, ignorant le Grec, et comme une girouette emportée par un vent violent, l'Imperator se tourna vers son général.

Marcius, qui avait détourné les yeux pour ne pas laisser paraître sa consternation, sentit à nouveau que l'empereur le fixait. Il lança rapidement :

– Je m'en charge tout de suite, noble et glorieux Père du Monde.

Et, sans attendre son reste, il s'empressa d'aller faire exécuter les ordres de Caligula, se demandant quel type d'embarcation pourrait porter un monument d'un tel poids. Il fit réquisitionner tous les hommes valides, Romains ou non, pourvu qu'ils soient les plus aptes à concevoir et construire un tel navire.

Et cette construction n'était que l'un des aspects de la mission impossible que lui avait confiée l'empereur, car, comment fabriquer des liens d'une résistance à toute épreuve capables de tirer le prodigieux ouvrage ? Les meilleurs cordiers n'en viendraient pas à bout. Et quand bien même on parviendrait à la soulever, il faudrait ensuite transporter la statue gigantesque jusqu'au port le plus proche, soit par voie de terre soit par voie fluviale. Dans l'un comme dans l'autre cas, l'exploit paraissait irréalisable. Rien que cette pensée, si elle avait été entendue par le cruel Caligula, aurait pu signer son arrêt de mort !

Marcius s'épongea le front, réalisant qu'il serait incapable de mener à bien sa mission. Autant vouloir déplacer les pyramides d'Égypte à dos de chameau !

Heureusement pour le général romain, Caligula, désireux de profiter des attraits des autres villes de Grèce, décida de quitter Olympie sans attendre le début des travaux.

« Un sursis à ma vie », pensa Marcius, soulagé.

La région devint une ruche bourdonnante, chacun s'activait à la besogne qui lui avait été confiée : on tressa spécialement des kilomètres de cordes d'une grosseur impressionnante ; on assembla les courroies de cuir les plus solides qu'on ait jamais vues. Les bûcherons les plus actifs déboisèrent une partie de la région et préparèrent le tapis de troncs qui devait servir de chaussée pour traîner la statue jusqu'au port. Les charpentiers les plus aguerris se mirent à construire un navire assez grand et solide pour expédier l'œuvre titanesque.

Lorsque Caligula revint de son périple grec, tout était heureusement prêt.

L'Imperator gravit la voie sacrée conduisant au temple avec l'excitation d'un enfant. Marcius, qui peinait à masquer son inquiétude, vint à sa rencontre.

Sans lui prêter attention, Caligula inspecta le chantier, émoustillé à l'idée de voir bientôt la statue briller sur le Colisée, régner sur le monde… Le dieu des dieux deviendrait Caligula…

– De toutes les statues à mon effigie, celle-ci sera la plus belle ! déclara-t-il avec vanité.

S'il n'avait eu si peur d'échouer, Marcius aurait trouvé la situation comique. Tous ceux qui se pressaient autour du géant de pierre ressemblaient à des fourmis au pied d'un homme, et l'empereur bedonnant au crâne dégarni, pas plus haut que son général d'armée, n'arrivait pas à la cheville de l'imposante statue !

Caligula trépignait d'impatience.

Sur l'ordre de Marcius, des dizaines d'ouvriers se mirent à capitonner l'ouvrage pour le protéger des chocs du voyage.

Alors, dans l'un de ces accès de colère dont lui

seul avait le secret, le cruel empereur bâtonna l'un des hommes.

– Malheureux ! Comment oses-tu toucher mon trône avec tes mains sales ? Regarde, là, comme tu as terni les rubis !

Tous les travailleurs s'étaient immobilisés, tremblants, attendant la sentence. Un nouveau coup de bâton s'abattit sur l'esclave.

– Lèche ça ! Nettoie ces saletés avec ta langue !

Terrorisé, l'ouvrier s'exécuta et, gardant les mains dans le dos, il lécha l'endroit qu'il avait souillé.

L'empereur fit le tour du monument, tapant du pied comme un enfant capricieux.

– Regardez ! Regardez comme vous m'avez sali ! Infâmes ! Nettoyez-moi ça !

Sous l'œil consterné de Marcius et des archontes, les ouvriers n'eurent d'autre choix que de lécher la statue de la même manière. Les gens du peuple grec, qui avaient accouru pour assister à l'acte sacrilège, en pleuraient d'humiliation…

À l'issue d'un laborieux emballage, on saucissonna le géant de marbre de courroies et de cordes.

En vain, les poulies tentèrent de déplacer la sculpture. Malgré leur taille et leur solidité, plusieurs attaches cédèrent. Le géant rechignait à quitter son temple, pour le plus grand soulagement des Grecs.

– Je m'en doutais ! Je m'en doutais ! Ce matin un corbeau a traversé le ciel en arrivant par la gauche ! pestait Caligula en tournant sur lui-même.

Anxieux comme avant une bataille perdue d'avance, Marcius attendit que l'empereur revienne vers lui.

Lorsque, enfin, l'Imperator s'arrêta, le désespoir qui l'avait un instant miné avait fait place à la plus grande détermination.

– Il n'est pas dit que leurs maudits dieux de pierre auront le dernier mot ! Personne ne résiste à l'empereur de Rome ! rugit-il à l'adresse de son général. Puis, élevant encore le ton :

– Au travail, fainéants !

On fit approcher une charretée de courroies et de cordes, que l'on avait fabriquées en si grand nombre qu'elles formaient des monticules tout autour du temple. On garrotta plus fermement la statue au visage imperturbable.

Des bœufs et les dizaines d'esclaves supplémentaires que l'on avait réquisitionnés firent un nouvel essai.

Mais les cordes cédèrent sans que l'on ait réussi à déplacer la statue d'un cheveu.

Les mâchoires serrées, Caligula s'approcha du géant à grandes foulées et se posta devant l'un de ses pieds. S'ils n'eussent été aussi gros et durs, il aurait bien mordu l'un des orteils à pleines dents.

– Maudit dieu de marbre, tu n'auras pas le dernier mot, foi de Caligula !

Zeus ne semblait même pas le voir, comme si l'empereur de Rome n'existait pas pour lui. Sa chevelure et sa barbe d'or, toujours aussi impeccablement mises, paraissaient le narguer. Une rage sans nom envahit Caligula, qui fouetta des ouvriers et fit mettre à mort ceux qui ne peinaient pas suffisamment à son goût. Il fit repousser tous les badauds agglutinés aux abords du temple et qui gênaient prétendument la manœuvre.

Au moment où Marcius allait donner l'ordre de reprendre l'ouvrage, des soldats romains galopèrent vers eux à bride abattue.

– J'espère qu'ils ont un motif légitime pour

interrompre les travaux ! aboya l'empereur, que la rage ne quittait plus.

En se précipitant vers les cavaliers, le général romain priait pour qu'on lui annonçât une révolte des Grecs, une attaque ennemie, ou même une guerre de tous les peuples de la terre, car la pire des catastrophes lui semblait préférable à l'insurmontable tâche que l'empereur lui avait confiée. Encore avait-il une chance de remporter une guerre, alors que déplacer cette statue…

Le cavalier, tout en regardant, tremblant, l'empereur qui fouettait ce qui lui passait sous la main, murmura la nouvelle :

– Je viens du port où un orage a éclaté. La foudre s'est abattue sur le navire destiné au transport de la statue…

Il avala sa salive avant de conclure :

– Il a pris feu et …

Le général resta immobile, ferma les yeux.

Comment annoncer la nouvelle à Caligula ? Il n'eut pas à se poser longtemps cette question.

– Alors, que se passe-t-il ? glapit l'empereur, qui les avait rejoints.

Marcius répéta d'un air piteux ce qu'il venait d'apprendre, mais il ne termina pas sa phrase : l'Imperator, le maître du monde, le chef suprême de Rome, avait fondu en larmes.

– Saleté de statue ! Maudit Zeus ! Il ne veut pas partir d'ici, hein ? C'est ce qu'on va voir ! hoqueta-t-il entre deux sanglots.

Honteux du spectacle lamentable que le représentant de son peuple offrait aux Grecs, le général attendit.

S'étant ressaisi, l'Imperator hurla à l'adresse des cavaliers porteurs de la mauvaise nouvelle :

– Retournez au port et réparez le navire ! S'il le faut, construisez-en un autre…

Puis, se tournant vers Marcius :

– Laissez-moi seul ! Il faut que je discute avec moi !

Son regard courroucé suffit à convaincre les ouvriers de déguerpir. N'osant prendre aucune initiative, le général romain resta en retrait. L'Imperator était reparti jusqu'au temple. Du coin de l'œil, Marcius le vit converser avec la statue colossale.

Au loin, les esclaves attroupés attendaient qu'on

décidât de leur sort. Tremblants, ils s'interrogeaient sur l'issue de la malheureuse entreprise.

Enfin, Caligula fit volte-face et courut, les yeux exorbités :

– Marcius, Marcius ! Il se moque de moi !

– Qui ? demanda le général.

– Lui... Lui... répétait le cruel Imperator en montrant la statue du doigt.

Il saisit Marcius sans ménagement et le traîna jusqu'au temple, au pied de Zeus.

– Chut ! Écoute ! murmura-t-il.

Le militaire feignit de se concentrer et fixa son attention sur les sandales d'or serties de pierres précieuses.

L'empereur bondit :

– Là ! Là ! Tu as entendu ?

Que répondre à la folie de son maître ?

Mais peu importait à Caligula, qui prit ce silence pour une affirmation et s'exclama, ravi :

– Ah ! Je savais que tu allais aussi l'entendre !

L'Imperator se figea à nouveau dans une écoute attentionnée. Aussitôt, son général l'imita, en fixant cette fois le sceptre du dieu de l'Olympe.

Après un long silence, Caligula s'agita :

– Là ! Là ! Tu l'entends ? Il rit, il se moque de moi !

– J'ai, en effet, entendu sa voix ! mentit Marcius, qui ne savait comment se sortir de cette situation ridicule où le maître de Rome le prenait à témoin de sa folie.

– Tu l'as entendu ? Qu'a-t-il dit ? insista Caligula.

– Il a dit, inventa Marcius, il a dit qu'il n'est pas digne d'honorer ta demeure, car ta gloire fait de l'ombre à tous les dieux de l'Olympe. Il te supplie, toi qui as tous les pouvoirs, de le laisser ici, en Grèce…

Le sourcil de l'Imperator se souleva, son œil roula sur le vêtement d'or ciselé de Zeus. Insatisfait, il recula sans quitter le géant de marbre du regard, recula encore jusqu'à entrevoir ses yeux immobiles, perdus dans le lointain.

– Pourquoi s'obstine-t-il à ne pas me regarder ? gémit-il.

Le général, qui avait suivi son maître, chercha rapidement une parole pour l'apaiser.

– Je pense, ô puissant Empereur, qu'il n'ose pas te regarder dans les yeux parce que…

Une sueur froide lui glaça le front, il pria les dieux de lui souffler une réponse adéquate.

Elle lui traversa l'esprit comme un coup d'épée :

– Parce qu'on ne regarde pas le soleil en face, de peur d'être aveuglé.

Il expira en voyant un sourire s'ébaucher sur les lèvres molles de Caligula.

– Va donc, Marcius, va lui expliquer qu'il est moi et que je suis lui, que nous ne sommes qu'une seule et même personne !

Dérouté, le général s'approcha de la statue, remua les lèvres sous l'œil attentif de son empereur, puis revint vers lui.

– Alors ?

Humilié d'être entraîné dans la folie de ce tyran, le général répondit :

– Ton autre Toi insiste pour que tu le laisses ici. Il pense qu'ainsi, par lui, tu régneras autant sur Rome qu'en Grèce, car tu seras présent aux deux endroits en même temps.

L'empereur plissa les yeux, jaugea la statue en silence avant de tonner :

– Jamais ! Fais fabriquer des courroies encore plus

solides, un bateau encore plus grand ! Je ne me laisserai pas ici !

Impuissant, Marcius s'inclina et se mit en devoir d'aller faire exécuter les ordres de son maître.

Alors qu'il dévalait la colline, l'empereur lui courut après :

– La statue ! J'ai voulu la toucher et elle a éclaté de rire…

– Je l'ai entendue rire moi aussi lorsque nous l'emprisonnions de cordages ! mentit encore Marcius.

Caligula s'agrippa à sa toge.

– Elle t'a parlé ? Que t'a-t-elle dit ?

– Elle m'a dit que jamais elle ne quitterait le sol qui l'a vue naître et qu'à celui qui tenterait de l'en arracher il arriverait mille malheurs… Elle m'avait déjà averti que nulle courroie ne la déplacerait et que nul navire ne pourrait la transporter, mais je n'avais pas osé t'en parler… Elle a également précisé que toi, le maître du monde, qui es capable de la refaire à l'identique, tu dois la laisser ici. Autrement, son rire tonitruant et ses plaintes viendront déchirer toutes tes nuits jusqu'à la dernière… Tel est son souhait.

Caligula desserra lentement son étreinte.

Vaincu, Marcius réalisa que ce qu'il venait de dire par désespoir outrageait au plus haut point l'empereur et le promettait à une mort certaine. Alors il attendit, à bout d'arguments, à bout de forces.

Mais l'esprit de Caligula était ailleurs. Se confondant encore avec la statue, il la fixa et insista :

– J'ai dit ça ?

Abasourdi, le général répondit :

– Oui, Père de la Patrie…

Le front infâme se décrispa, le regard fulgurant devint vitreux :

– Donne l'ordre de lever le camp. Je suis si las. Nous rentrons chez nous !

– Et… la statue ? osa demander le général.

– Nous reviendrons avec nos architectes et un nouveau navire et, dussé-je me réduire en morceaux pour me transporter et me reconstituer, je reviendrai me chercher…

IV

Le Temple d'Artémis ou Sous le regard de la déesse

Comme chaque année, tous les citoyens de Lemnos[1] s'étaient réunis à l'occasion des fêtes en l'honneur d'Artémis, la divinité de la chasse. Comme de coutume aussi, on avait sacrifié dix bœufs à la déesse, que les prêtres avaient découpés pour les distribuer à la foule.

Ayant reçu leur part, Tatikos et Érostrate traversèrent la multitude. Depuis leur plus jeune âge, ils étaient

1. Île grecque au nord-est de la mer Égée.

inséparables. Là où était l'un, on trouvait l'autre ; ce que faisait l'un, l'autre le faisait également...

– Allons nous réjouir à quelque banquet ! s'écria Érostrate en entraînant son compagnon.

Leur chemin croisa celui du jeune Phydias, qui se joignit à eux et demanda :

– Quelle offrande as-tu faite à la déesse Artémis, Érostrate ?

Lâchant un soupir, celui-ci répondit, blasé :

– Comme l'an dernier et comme l'année précédente : ma couronne de lauréat au lancer de javelot !

Phydias lui administra une bourrade amicale en s'écriant :

– Tu es incroyable, ami : vainqueur à chaque Jeu, tu ne sembles même plus y trouver de plaisir.

Érostrate s'enlisa dans ses pensées avant de donner sa réponse :

– Peut-être parce que cette île m'est devenue trop petite, peut-être parce que j'ai envie de me mesurer à un monde plus vaste, qui conviendrait mieux à mon appétit.

Tatikos savait que l'ambition rongeait le cœur de son ami.

Depuis sa tendre enfance, en effet, Érostrate manifestait le plus violent désir de surpasser ses concurrents. Il était de tous les défis, et seul le premier prix pouvait le satisfaire ; arriver à la seconde place l'humiliait... Ainsi Tatikos ne fut-il pas surpris d'entendre son ami demander :

– Dis-moi, Phydias, crois-tu que les rumeurs soient fondées ?

Tout à la fête, son compagnon plaisanta :

– Les rumeurs ? Quelles rumeurs ? Sur les amours secrètes de Télaxès et de la belle Hestia ?

Érostrate eut un geste d'impatience.

– Mais non ! Je parle de la guerre qui couve entre Sparte et Thèbes !

Phydias, qui n'était pas d'humeur à parler de choses sérieuses, passa un bras autour du cou de son ami.

– Nous en reparlerons demain. Pour l'heure, allons festoyer en l'honneur d'Artémis !

Érostrate se dégagea vivement de son étreinte.

– Non, pas demain ! Maintenant !

Le regard de Phydias s'égara sur un groupe de jeunes gens qui sortaient d'une taverne ; comme il lui tardait d'aller s'amuser avec les autres !

Manifestant son impatience à se mêler à la fête, il s'empressa de conclure :

– On dit que la guerre entre les deux grandes cités rivales, Sparte et Thèbes, pour la domination de la Grèce, est inévitable. C'est tout ce que je sais.

Il allait s'éclipser lorsqu'Érostrate, avide d'informations, insista encore :

– Le grand général Épaminondas[1] est-il toujours à la tête des armées de Thèbes ?

Phydias, qui avait réussi à s'éclipser avec l'agilité d'une anguille, lui lança par-dessus son épaule : « Oui, c'est toujours lui », avant de disparaître dans la taverne.

Voyant que son ami avait l'esprit ailleurs, Tatikos se contenta de marcher en silence à ses côtés. Enfin, Érostrate lâcha avec conviction :

– Je veux mettre ma force au service d'Épaminondas.

Interloqué, son compagnon s'installa sur la margelle d'un puits.

– Quoi ? Tu veux te battre pour Thèbes ?

1. Homme d'État et général thébain illustre (418 av. J.-C. - 362 av. J.-C.).

Érostrate le brûla d'un regard saturé d'orgueil.

– Songe donc, si nous soutenons le glorieux général, si nous nous illustrons au cours de cette guerre…

Emporté par sa soif d'honneurs, les yeux perdus dans les cieux comme s'il y lisait déjà son nom en lettres de feu, Érostrate poursuivit :

– C'est là que m'attend la gloire… Oui… C'est là que m'attend la gloire…

Ne voulant pas peiner son ami, et convaincu que l'enjeu de cette guerre entre Sparte et Thèbes pourrait combler les rêves d'Érostrate, Tatikos se rangea à son idée.

– Alors, je partirai avec toi… lui souffla-t-il.

Érostrate, qui n'en attendait pas moins, s'exclama, ravi :

– Viens, allons nous amuser à présent !

Le lendemain, les deux complices prirent le chemin du temple d'Artémis.

– Tu me sembles bien enthousiaste, remarqua Tatikos.

Érostrate, qui n'était qu'exaltation, répondit :

– Oui, car je viens de parler à l'archonte chargé de la marine. Il nous offre un passage sur l'un des navires qui quittent Lemnos dans quelques jours.

Perplexe face à l'empressement de son ami, Tatikos tenta de le ramener à la raison :

– Ne crois-tu pas qu'il faudrait d'abord consulter l'oracle pour savoir si tel est notre destin dans l'immédiat ?

Érostrate regarda son ami avec colère :

– Quel oracle ? Et pourquoi attendre, alors que la gloire est à notre portée ? La protection de la déesse suffira !

– Puissent les dieux t'entendre, murmura Tatikos alors qu'ils arrivaient devant les murs du sanctuaire.

Ils se purifièrent, retirèrent leurs sandales, puis franchirent l'enceinte du temple.

Arrivés aux pieds d'Artémis, ils se prosternèrent. Armée de son arc, le carquois aux flèches d'argent en bandoulière, la chaste et belle déesse se dressait majestueusement au milieu des offrandes du peuple : statuettes, vaisselle, armes et objets précieux côtoyaient vêtements ou jouets plus modestes…

Érostrate ouvrit la besace qu'il avait apportée et en sortit un plat de bronze, qu'il déposa sur l'autel. Puis, il tendit des ciseaux à son ami et s'agenouilla devant lui. Mèche après mèche, Tatikos lui coupa les cheveux, qu'il posa sur le plateau en guise d'offrande à Artémis.

Après qu'Érostrate eut procédé au même rituel avec son compagnon, ils adressèrent leurs prières à la déesse et lui demandèrent sa protection pour le projet qui les animait. Puis ils se retirèrent.

– N'es-tu toujours pas résolu à consulter l'oracle ? insista encore Tatikos.

Mais, le regard perdu sur l'horizon, Érostrate ne songeait plus qu'à sa prochaine victoire…

– Pour quoi faire ? Je ne puis douter un seul instant qu'Artémis, ma déesse protectrice, qui m'a aidé à gagner tous les Jeux, ne m'aidera à servir le plus illustre général que la Grèce ait porté, repartit-il sur un ton assuré.

Portés par les rêves insensés d'Érostrate, et convaincus de bénéficier de la protection d'Artémis, les deux compagnons d'armes prirent la mer la semaine suivante. Ayant gagné Thèbes, ils se mirent aussitôt sous les ordres du général Épaminondas.

Dans le camp adverse, le roi Cléombrote rassemblait les Spartiates.

La nuit précédant la bataille[1], le général fit appeler Érostrate :

– On m'a rapporté que dans ta patrie, à Lemnos, tu bats tes concitoyens à tous les arts martiaux.

Arborant un air faussement modeste, Érostrate répondit :

– En effet, illustre général.

Épaminondas arpenta le terrain, les mains dans le dos, avant d'annoncer :

– La chance semble te sourire. Je te confie le commandement d'un carré d'hoplites[2]... Montre-moi ton courage et tu seras justement récompensé.

Le cœur gonflé d'orgueil, l'heureux élu salua Épaminondas, puis rejoignit son ami.

– J'atteins les toits du monde, cher Tatikos ! Si je m'illustre durant cette bataille, mon nom entrera

1. Il s'agit de la fameuse et décisive bataille de Leuctres, qui eut lieu le 6 juillet 371 av. J.-C., entre Sparte et Thèbes.
2. Soldats à pied de l'armée grecque.

dans la légende avec ceux d'Achille et d'Ajax !

Tatikos, qui n'avait pas ménagé ses efforts pour louer les qualités d'Érostrate partout où cela pouvait être utile, conclut avec sérénité :

– Artémis doit décidément veiller sur toi…

Au petit jour, dans la brume qui montait dans la plaine de Leuctres, Épaminondas inspecta ses troupes. Lourdement armé et casqué, Érostrate se tenait fièrement à la tête de son bataillon.

À l'ordre du général, les hoplites entamèrent leur marche en entonnant un chant de guerre pour rythmer la cadence. Ils avançaient en formation serrée, chacun s'emboîtant dans le bouclier de son voisin de droite pour protéger son flanc. Parvenue à un jet de lance de la ligne ennemie, la phalange[1] accéléra le pas. Enfin, le fracas des boucliers annonça le choc entre les deux armées.

Durant des heures, la bataille fit rage. Arme au poing, Érostrate pourfendait l'ennemi avec zèle, allant férocement sur l'adversaire. Il ne mesurait plus sa fatigue :

1. Corps de combattants avançant en ligne, à pied.

son bras semblait guidé par la main d'Athéna, son bouclier porté par Arès, le dieu de la guerre, ses armes forgées par Héphaïstos[1] dans le feu des Enfers. Emporté par une sorte d'extase, il se sentait invincible.

Sous les yeux bienveillants d'Artémis, Érostrate aida Épaminondas à remporter la victoire.

La bataille achevée, les deux compagnons, sains et saufs, se jetèrent dans les bras l'un de l'autre.

– Par la grâce d'Artémis, nous avons vaincu Sparte, Tatikos !

Tout à la joie de leur triomphe, son ami lui adressa une bourrade :

– Épaminondas doit te chercher pour te récompenser de ta bravoure.

Réalisant que son heure était enfin venue, Érostrate prit une longue inspiration pour mieux s'imprégner de l'honneur qui l'attendait.

– Tu as raison ! Viens, rejoignons les autres…

L'accueil du général ne fut pourtant pas celui escompté : voyant Érostrate sortir indemne d'un

1. Vulcain pour les Romains. Dieu des forges, qui fabrique les armes des dieux avec le feu et la lave des volcans.

combat où il aurait dû mourir cent fois et qui avait coûté la vie aux plus prestigieux combattants, Épaminondas soupçonna le jeune homme de ne pas s'être vaillamment battu et le priva des distinctions honorables accordées à ses compagnons d'armes.

Le cœur empli d'amertume, honteux, humilié, le malheureux guerrier s'éloigna et fondit en larmes amères.

– Pourquoi Artémis m'a-t-elle abandonné ? Pourquoi ?

Combien Tatikos regrettait à présent de n'avoir pas su convaincre son ami d'aller visiter l'oracle ! Peut-être, s'il avait entrevu l'issue de cette quête, aurait-il pu déjouer le destin ?

– Rentrons à Lemnos, se contenta-t-il de suggérer.

Anéanti, convaincu d'avoir été trahi par la déesse, Érostrate se laissa ramener dans sa patrie avec la mollesse d'une poupée de chiffon.

Les Jeux olympiques allaient s'ouvrir. De toutes les cités de Grèce accouraient les concurrents avides de gloire… Voyant là un moyen de sortir son ami de sa mélancolie, Tatikos lui rapportait tout ce qu'il entendait. Mais Érostrate repoussait ces chimères d'un revers de main :

– Laisse-moi tranquille avec ça !

Tatikos ne désarmait pas :

– Peut-être n'étais-tu pas fait pour la guerre ? Toi qui excelles dans toutes les disciplines sportives, comment peux-tu te soustraire à la chance qui t'est offerte de glaner les palmes d'Olympie ?

À force de patience et de pertinence, ayant persuadé son ami qu'il reviendrait le front ceint de lauriers, Tatikos finit par rallumer l'étincelle dans le regard d'Érostrate, et le sortir de son désespoir.

Lorsque, enfin, la soif de gloire coula à nouveau dans les veines de son compagnon, Tatikos l'entraîna au temple d'Artémis.

Se prosternant aux pieds de la déesse, Érostrate murmura :

– Ô déesse, je te pardonne de m'avoir abandonné à Thèbes. Sans doute par ce signe as-tu voulu me faire comprendre que ma gloire était ailleurs : non aux ordres d'un général d'armée, mais dans les arts martiaux. Alors, exauce ma prière, car je suis venu ici pour implorer ta protection. Tu ne peux me refuser les palmes d'Olympie, car je les mérite. Je veux ma revanche et je compte sur toi pour me hisser au sommet du monde…

Un oiseau traversa le ciel, venu de la droite, et Érostrate y vit un bon augure.

– Viens, ami, dit-il à Tatikos. Il est l'heure de partir, la déesse a répondu favorablement à ma prière…

Dès leur arrivée à Olympie, Érostrate courut s'inscrire à tous les combats. En passant sous le magnifique porche du temple de Zeus, où les poètes et les orateurs déclamaient des vers qu'ils soumettaient au jugement du public, il se figea, conquis par la discipline. Simple spectateur attentif de ces épreuves, il resta là jusqu'à ce que les ombres du soir aient dispersé la foule.

Alors que, fourbu par le long voyage, Tatikos était allé se coucher, Érostrate passa la nuit à répéter le poème qu'il comptait présenter au concours. Il s'appliquait à donner de la noblesse à ses gestes, de justes modulations à sa voix. Il ajoutait à son style ce qu'il avait capté de meilleur chez les orateurs du jour.

Gonflé d'espoir, il se présenta le lendemain au concours de déclamation.

Mais la victoire ce jour-là posa les yeux sur un jeune de Délos : sa voix suave enivra les spectateurs et l'on eût cru, le temps de sa prestation, que le théâtre s'était vidé tant était profond le silence de la foule. À la fin de son discours, des acclamations unanimes lui décernèrent la palme du vainqueur.

Son orgueil bafoué, porté par la haute idée qu'il avait de lui-même, Érostrate décida d'exercer son talent à un autre art.

Apprenant que Nimias d'Argos, fameux par maints triomphes et venu pour disputer le prix de la course de chars, devait subitement retourner en sa patrie pour enterrer son père, Érostrate y vit un bon augure… Et lorsque Tatikos lui annonça que le champion d'Argos mettait son char et ses coursiers en vente, il se précipita pour les acheter.

Impatient de remporter la plus glorieuse de toutes les palmes, Érostrate s'exerça sans relâche pour bien avoir l'attelage en main. Il fit chaque soir des offrandes à Artémis en lui demandant de poser sur lui le doigt de la chance.

Il se présenta à la course le jour dit.

Dans l'arène, une vingtaine de chars attendait le signal. Les coursiers battaient le sol de leurs sabots impatients. Les concurrents se toisaient avec dédain.

Lorsque la trompette retentit, les chevaux s'élancèrent, rapides comme l'éclair, le naseau fumant, sous le sifflement des fouets et les cris des auriges[1] ; la vitesse était telle qu'un nuage de poussière les enveloppait et les dérobait aux regards des spectateurs.

De temps à autre, des roues échappées de l'essieu venaient finir leur course improvisée dans les jambes des chevaux. Des chars se fracassaient l'un contre l'autre, précipitant à terre leurs conducteurs, tandis que les coursiers, libres du joug qui les retenait, couraient au hasard dans les débris dont était encombrée la piste. À entendre les acclamations bruyantes de la multitude, on aurait dit que la Grèce tout entière était rassemblée dans cette enceinte !

Érostrate était toujours dans la course et Tatikos retenait son souffle. Ses yeux allaient du char de son ami à la borne de fin de ligne droite… Encore un tour…

1. Conducteur de char.

Oui, il était en tête, aérien et superbe. La foule déjà acclamait son héros, la chance souriait enfin à Érostrate…

Mais Artémis, une fois encore, détourna son regard de lui : le conducteur qui suivait Érostrate, ne voulant pas concéder si facilement la victoire, excita ses coursiers pour le dépasser et pressa le char de son concurrent contre la borne. Le choc brisa l'une des roues en même temps qu'elle anéantissait les rêves du jeune homme.

En voyant Érostrate en larmes, le visage crispé de douleur, les mains brisées, Tatikos comprit que son ami venait de perdre bien plus que les olympiades dans cette course…

Érostrate dut renoncer aux autres épreuves. La mort dans l'âme, les vaincus retournèrent à Lemnos.

Plus abattu encore qu'à son retour de Thèbes, Érostrate sombra dans une rage impuissante que rien ne sembla plus vouloir apaiser…

Lorsque Tatikos venait le trouver, son compagnon hirsute, sale et l'œil éteint, l'ignorait. Il se contentait de marmonner des mots incohérents, au point que toute raison semblait l'avoir quitté.

Quant aux dieux, il ne voulait plus en entendre parler, encore moins prononcer le nom de celle qui l'avait livré au néant.

Un soir, pourtant, dès qu'il entra chez son ami, Tatikos le trouva changé : une lueur inhabituelle brillait dans le regard d'ordinaire éteint d'Érostrate. Celui-ci, d'ailleurs, lui laissa à peine le temps de s'asseoir avant d'asséner :

– Nous partons pour Éphèse[1].

Pour Tatikos, entendre son ami proférer un vœu tenait du miracle.

Il s'empressa de lui demander, tout de même étonné :

– Éphèse ? Mais pourquoi Éphèse ? Et que comptes-tu y faire ?

Sans lever la tête, Érostrate répondit d'une voix teintée d'ironie :

– Voir le temple d'Artémis ; n'est-il pas connu pour être la merveille du monde ?

Incrédule, Tatikos lâcha :

1. Aujourd'hui, ville de Turquie.

– Le temple ? Toi qui as perdu foi en tous les dieux, et en Artémis en particulier ?

Érostrate releva le menton et, comme s'il s'adressait à quelque être invisible plutôt qu'à son ami, il rétorqua :

– Qui te parle de cela ? Je ne m'y rends pas pour me prosterner aux pieds de la déesse, mais pour y remporter la plus éclatante victoire, pour ravir à la mort son immortalité. J'y transformerai les pleurs de la foule en diamants de gloire !

Les foudres dans son regard, le froncement de ses sourcils, le rictus de son sourire, donnèrent de graves inquiétudes à Tatikos : l'esprit de son ami lui semblait obscurci par un nuage épais, et il crut entrevoir deux êtres différents dans une seule et même personne.

– Ne veux-tu point prendre un siège ? Tu m'inquiètes… Parlons-en…

Érostrate se recroquevilla, adopta soudainement la pause avachie qu'il n'avait pas quittée depuis des mois.

– Je n'ai pas envie de parler ; seulement de partir pour Éphèse. Trouve-nous un passage sur quelque navire, conclut-il dans un soupir.

Tatikos savait par expérience qu'il était inutile d'insister.

Ainsi les deux inséparables compagnons reprirent-ils la mer.

Poussée par des vents propices, la nef transportant Érostrate et Tatikos débarqua à Éphèse au moment des grandes solennités données en l'honneur de la déesse.

Environnée de jardins délicieux à travers lesquels serpentait un limpide ruisseau, Éphèse promettait un séjour enchanteur. Le temple d'Artémis, orgueilleux édifice, veillait comme une sentinelle muette sur la splendide cité. La richesse de ses marbres attirait d'emblée les regards et éclipsait en beauté tout ce que l'œil humain avait pu voir jusqu'alors. Magnifiquement orné d'ivoire, d'argent, d'or et de pierres précieuses, le monument que l'Asie avait mis 220 ans à bâtir était entouré de 127 colonnes, offertes par autant de rois.

– Je comprends à présent pourquoi on classe ce temple parmi les merveilles du monde ! siffla Tatikos, admiratif. On prétend que le bloc de la façade pèse

24 tonnes et que c'est la déesse elle-même qui l'a mis en place.

– Crois-tu qu'une déesse, qui n'est même pas capable d'écouter ceux qui l'honorent et implorent sa protection, soit capable de déplacer des blocs de marbre ? protesta Érostrate. Ce ne sont que des légendes pour bercer les idiots. Ce temple est né de la main de l'homme, et a été commandé par Crésus, le roi de Perse.

Préférant ignorer la remarque désabusée de son ami, Tatikos pointa du doigt une façade richement sculptée et ornée de scènes mythologiques.

– Regarde l'œuvre du grand architecte Chesiphon. Rien ne semble trop beau pour Artémis.

Mais déjà, Érostrate avait changé de visage, comme si le bon sens l'avait abandonné.

– Éphèse… Grâce à toi, mon nom restera à jamais gravé dans l'histoire, murmura-t-il.

Tatikos le dévisagea, sincèrement inquiet.

– Que dis-tu ?

Le rire d'Érostrate n'avait plus rien d'humain.

– Non… Je pensais à voix haute à la gloire, mon ami ! À cette gloire qui m'a si souvent frôlé, qui m'a caressé, sans jamais vouloir de moi…

Les citoyens d'Éphèse montaient en procession vers l'agora[1] et louaient la déesse par de beaux chants.

En voyant la pompe de la cérémonie, Érostrate se gonfla d'une rage impie et se moqua de la foule à haute voix :

– Regarde-moi ces imbéciles qui avancent en file et se prosternent devant les autels des déesses ! Ce temple où s'entassent des siècles de richesses et de chefs-d'œuvre accumulés par la superstition ! Je me ris d'Aphrodite, d'Athéna, j'ose même braver Artémis en ce jour.

Des hommes vinrent et, formant un rempart de leurs corps, le chassèrent. Honteux du spectacle qu'ils venaient d'offrir, Tatikos tentait de calmer son ami, qui continuait de clamer :

– Même si par d'honorables actions je n'ai pu conquérir la renommée, je saurai vous forcer à répéter mon nom éternellement... Oui, c'est ici que j'obtiendrai l'immortalité ! Car je suis venu en cette cité pour offrir une hécatombe à Héphaïstos ! On parlera de moi jusqu'à la fin des temps !

---

1. Place centrale présente dans toutes les cités grecques.

Péniblement, Tatikos réussit à entraîner son compagnon jusqu'au lieu où ils devaient passer la nuit et l'installa sur la terrasse. Il regrettait de l'avoir suivi dans ce projet insensé et lui demanda :

– Quand m'expliqueras-tu la raison de notre présence ici ? Il n'y a aucun exercice, aucun combat au cours desquels tu pourrais t'illustrer.

Mais Érostrate ne l'écoutait pas. Il se contentait d'embrasser le temple d'un regard que Tatikos ne lui avait jamais vu.

Éphèse la belle s'endormait sous la protection des dieux. Dans toute la ville s'installait le silence de la nuit, et Tatikos finit par abandonner son ami pour aller prendre quelque repos.

Un frémissement sourd, semblable au murmure des flots agités par la tempête, tira Tatikos de son sommeil. L'absence d'Érostrate lui apparut comme un mauvais présage. Il se précipita sur la terrasse, s'accrocha à la balustrade. Un panache de feu s'élevait vers le ciel. Le temple d'Artémis était la proie des flammes !

– Au secours, au secours, le grand temple brûle ! criait-on partout.

En vain, Tatikos appela Érostrate. Craignant le pire, il dévala les escaliers et se précipita dans les rues, à la recherche de son ami.

En un instant, la nouvelle s'était répandue d'une extrémité de la ville à l'autre et chacun courait vers le lieu de l'incendie, portant de l'eau dans le premier vase qu'il avait pu trouver. La foule augmentait, se pressait, se heurtait ; l'air retentissait de plaintes et de hurlements. Seule la statue de la déesse demeurait intacte, comme si les flammes n'osaient s'en approcher. Éclairée par les lumières du vaste incendie, la ville se teintait de couleurs sanguinaires. La mer réfléchissait au loin la lueur rougeâtre du brasier, tandis que les ministres et les gardiens du temple tentaient de sauver les trésors renfermés dans le superbe édifice.

La violence de l'incendie était telle, qu'il eût fallu épuiser la mer pour l'éteindre. De leur langue pourpre, les flammes léchaient les frises, les frontons, les dentelles de marbre, les corniches et les festons. Une épaisse fumée montait comme un dragon hideux au-dessus du temple d'Artémis.

Soudain apparut Érostrate, une torche à la main. Plongé dans une espèce d'extase, il admirait son ouvrage, tandis que dans sa prunelle dilatée se reflétaient les flammes. Ce spectacle lui procurait une jouissance incommensurable. Il se mit à sautiller et gesticuler, comme le pitre d'une farce, en déclamant :

– Au secours ! Le temple superbe courbe et s'abat ! Adieu, albâtre diaphane ! Adieu, piliers hardis ! Adieu, vases d'argent et d'airain, amphores de cristal, coupes étincelantes. Perdus à jamais les autels et bas-reliefs modelés par Scopas, le prince du ciseau, le maître du compas ; perdues à jamais les sculptures de l'habile Chesiphon, du valeureux Métagénès... Adieu, belle Artémis d'or, chef-d'œuvre des statues... Mais... comment toi, la déesse, toi qui as tous les pouvoirs, comment as-tu pu laisser détruire l'auguste sanctuaire qui t'était dédié ?

Soudain, une clameur s'éleva. Voyant Érostrate, tel un fantôme noir, se tordre de rire, une torche à la main, des gens le reconnurent :

– C'est cet homme ! C'est le fou qui est venu perturber la procession !

Des citoyens indignés le garrottèrent.

Loin de nier son crime, Érostrate s'en vanta :

– C'est moi qui offre ma tête à vos bourreaux… Ah ! Sachez que mon geste n'a pas été dicté par la cupidité, pour voler les trésors, comme cela se fait d'ordinaire dans les temples. Non… Citoyens, ne vous avais-je pas promis une étonnante fête ? Que pensez-vous de mon exploit ? Ce que vous avez mis deux siècles à élever, eh bien moi, en une courte nuit, je l'ai détruit… Ah ! Qu'elles sont ridicules, les larmes de tous ces patriciens si fiers de leurs richesses. Que reste-t-il de leurs présents entassés, et ces vœux tous payés, sinon tous exaucés ? Alors que moi, en quelques heures, je lègue mon nom à l'histoire, je règne sur vos débris. Je ne demande ni faveur, ni pardon, ni grâce ! Que m'importe votre courroux, puisque j'ai réussi. Ce soir, je me suis vengé d'Artémis. Ce soir, je la surpasse en éternité.

– Tu vas être puni pour ton acte criminel ! lui assura un prêtre.

– Criminel ? Mais, la demeure d'une déesse, c'est l'Olympe ! Ô juges, pour appliquer la peine avec équité, il faut d'abord définir la nature du crime : qui ai-je tué ? Je n'ai laissé aucun orphelin pleurant son père ou d'épouse son mari, je n'ai pas de sang sur les mains ! Et qui se plaint ? Le temple est la propriété de la déesse, laissez-lui donc le soin de se venger ; son bras n'est-il pas tout-puissant ? Les flèches d'Apollon, le trident de Neptune, la foudre de Zeus ne suffisent-ils pas à servir son courroux sans qu'elle ait besoin de l'aide de pitoyables mortels ?

L'assemblée retenait son souffle. En la voyant muette et immobile, comme au jour où ce jeune de Délos avait remporté la palme à Olympie, Érostrate sentit son cœur se gonfler d'orgueil. Enfin, on l'écoutait. Enfin, il avait trouvé la bonne intonation... Balayant du regard la couronne de visages qui buvaient ses paroles, il poursuivit avec plus d'emphase :

– Mon entreprise est inouïe, unique et si vous croyez que je vais déployer tous mes efforts pour exciter la pitié et faire couler les larmes, détrompez-vous. Tel n'est pas mon but. Mieux que les lauriers d'Épaminondas, mieux que toutes les palmes d'Olympie, c'est une éternelle renommée que je m'offre ce soir : voilà le prix que j'ambitionne, voilà l'objet de tous mes vœux !

La déesse outragée en avait-elle assez entendu ? La terre trembla et la statue d'Artémis, intacte jusqu'alors, chancela tout à coup sur son socle, puis s'abattit lourdement sur Érostrate. Il fut terrassé au pied du temple qu'il venait de détruire, par le poids de son acte criminel, par le poids de la statue gigantesque.

Les magistrats et les spectateurs, saisis d'épouvante, se prosternèrent devant l'autel fumant de la déesse. Alors, le tremblement cessa, la terreur se dissipa et la multitude reconnut, dans cette mort soudaine, enveloppée d'un voile mystérieux et sacré, l'effet de la vengeance divine.

Tatikos s'agenouilla devant la statue. Une chose était sûre : oublié durant toute sa vie par la gloire, Érostrate mourait satisfait. Sa harangue avait été écoutée par une assemblée muette ; il avait réussi à détruire en une nuit l'une des merveilles du monde, que des milliers de gens venaient visiter et honorer chaque année. En outre, il ne mourait pas de la piètre main des hommes, mais de celle de la déesse. Oui, enfin, les dieux l'avaient vu ; enfin, par son exploit il entrait dans l'immortalité… C'est sans doute la raison pour laquelle Érostrate était mort le sourire aux lèvres.

V

Le Mausolée d'Halicarnasse ou Unis pour l'éternité

LE VOYAGEUR QUI ARRIVAIT dans la cité d'Halicarnasse[1] à cette heure de la journée aurait pu un instant croire qu'elle avait été désertée : pas un bruit ne s'échappait de ses ruelles écrasées de soleil, pas une ombre ne courait sur ses murs blancs, ses terrasses lumineuses. Reclus derrière leurs volets clos, les Halicarnassiens tentaient de se soustraire à la fournaise

1. Aujourd'hui Bodrum, au sud-ouest de la Turquie.

de l'été. Seuls le braiment des ânes ou le bêlement des chèvres, montant des arrière-cours, donnaient quelque illusion de vie à ce décor immobile.

Dans la plus somptueuse demeure de la cité, la reine Artémise se prélassait sur un amoncellement de coussins, tandis qu'une domestique lui contait une histoire d'une voix feutrée. Cette quiétude indolente fut interrompue par des éclats de voix dans le couloir. Artémise se redressa, tendit l'oreille, leva la main, et l'esclave qui rafraîchissait l'air en actionnant une palme immense suspendit son geste.

– Le grand Pithis arrive ! entendit-on au loin.

– Pithis est arrivé ! criait-on encore.

– Enfin ! soupira la reine en apercevant son intendant, accompagné du savant architecte.

L'homme à l'allure majestueuse s'inclina devant la maîtresse des lieux et la salua.

– Je suis heureuse de savoir que le temple de Minerve, que tu construis à Pryène, te laisse un peu de répit pour répondre favorablement à ma demande, déclara Artémise.

– Je suis honoré, vénérable reine, de pouvoir

participer à la réalisation du tombeau du grand satrape Mausole[1], ton époux bien-aimé.

La veuve royale frappa dans ses mains. Sans délai, une nuée d'esclaves s'activa, déposant des rafraîchissements et des victuailles sur une table gracieusement ouvragée.

– Mange, bois, noble Pithis. Ton voyage a dû être éprouvant !

L'homme s'installa et, avec plaisir, goûta aux mets subtils que l'on avait préparés à son intention.

– Et les autres architectes, qui contribuent à la gloire du tombeau de ton époux, où en sont-ils de leurs travaux ? demanda-t-il abruptement.

Artémise saisit une grappe de raisin et en profita pour jeter un regard oblique à son invité.

– Comme toi, ils ont répondu favorablement à mon appel : Timothée, Léocharès, Bryaxis et Scopas…

– Bryaxis et Léocharès sont bien jeunes ! coupa Pithis, agacé.

La veuve, qui aimait attiser la concurrence entre

1. Un satrape était le gouverneur d'une satrapie, c'est-à-dire une province de l'Empire perse. Quant à Mausole, satrape de Carie (Asie Mineure), on ne connaît de lui que l'année de sa mort, survenue en 353 av. J.-C..

les artistes parce qu'elle y voyait le moyen de tirer le meilleur de chacun d'eux, répondit d'un air faussement détaché :

– Oui, mais leur talent dépasse déjà les frontières… La beauté du Ganymède enlevé par Zeus est des plus admirées et la statue colossale du Zeus d'Athènes…

– Scopas est fort âgé, au contraire ! la coupa Pithis, jaloux de la notoriété des autres artistes que l'on avait appelés pour travailler à la gloire de Mausole.

Sentant qu'elle avait atteint sa cible, la reine lui répondit sur un ton flatteur :

– Il ne me manquait que toi, Pithis, car on te dit le plus habile architecte sculpteur de notre temps.

– Mais comment comptes-tu conjuguer tous ces talents sans heurt et sans rivalité ? s'inquiéta encore l'adroit artisan de la pierre.

Artémise croqua un grain de raisin, déjà satisfaite par la réponse qu'elle allait lui faire :

– À chacun, j'ai confié l'un des frontons du tombeau, dont il pourra s'occuper à sa guise.

L'homme, face à elle, restait dubitatif.

– Mais… Et l'harmonie dans tout ça ?

La veuve royale poussa un soupir dans lequel elle sembla mettre toute sa conviction.

– J'ai décidé de construire un monument exceptionnel en l'honneur de mon époux, car rien n'est trop beau pour l'être que j'ai le plus chéri en ce monde ; crois-tu que j'aie laissé tout cela au hasard ? J'ai autorisé chaque artiste à créer une œuvre originale à la seule condition de se conformer à mes instructions. Viens… Tu comprendras mieux…

Suivis d'une escorte d'esclaves dont la tâche principale consistait à les abriter des dards du soleil et à les éventer, la reine et son invité se rendirent sur le chantier où se dressait le tombeau de Mausole.

– De mémoire d'homme, jamais on n'a vu un monument érigé avec autant de rapidité ! s'exclama Pithis.

– Les architectes ont opté pour des briques carrées, bien plus légères que celles d'une coudée[1], et par conséquent plus adaptées à la force des ouvriers. Voilà pourquoi le tombeau a été si promptement dressé, expliqua Artémise.

1. 50 centimètres environ.

À mesure qu'ils s'en approchaient, le bâtiment les écrasait par ses proportions. La forme même du monument – un édifice grec entouré de colonnes et surmonté d'une pyramide à étages – étonna Pithis : il dut admettre la maîtrise architecturale de ses rivaux.

Artémise invita son hôte à faire le tour du mausolée, où quelques bêtes de somme entravées broutaient de rares touffes de plantes épineuses et grises de poussière. Après avoir longuement commenté les postures des personnages sculptés, leur agencement, leurs couleurs, la reine suggéra :

– Viens, arrêtons-nous à l'ombre de cette façade.

Immédiatement, les esclaves qui les escortaient installèrent un lieu de repos : l'un déplia deux sièges confortables, l'autre une table, que trois autres garnirent des rafraîchissements qu'ils avaient transportés. Les porteurs de palmes s'empressèrent autour de la reine et de son hôte, qui pour les éventer, qui pour les préserver de l'ardeur du soleil.

– Cette façade est l'œuvre de Scopas ! précisa Artémise, après avoir vidé une coupe de citronnade.

En silence, Pithis considéra l'ouvrage, bien supérieur à celui des autres artistes. Ses yeux furent conquis par une amazone sur un cheval cabré, qui brandissait sa hache pour porter un coup décisif à un jeune soldat blessé au genou. Le guerrier barbu, au regard farouche, cherchait à parer de son bouclier l'assaut mortel. Le personnage féminin était animé d'une magnifique ardeur. Sa courte tunique s'était échappée de sa ceinture, découvrant son sein, son cou et ses jambes. Son talon était projeté bien en avant. Le tableau vibrait de réalisme.

– Magnifique ! finit par admettre le grand architecte.

Comblée, Artémise ferma les yeux.

– Je voulais ce qu'il y a de plus beau pour mon regretté époux, murmura-t-elle, comme si elle se parlait à elle-même.

Puis elle se tut, se laissant bercer par le fragile mouvement d'air de la palme actionnée par son esclave.

Voyant que la reine avait envie de rester seule un moment, Pithis se leva et longea la façade. Il mesura chaque détail de l'œuvre de Scopas et chercha une idée pour surpasser son rival.

Soudain, il regarda avec attention la scène inférieure.

Destiné à être vu de près, ce relief était le plus soigné et certainement le plus abouti : une femme, penchée sur le bord de son char, menait quatre chevaux. Ses vêtements, son visage, la musculature des animaux avaient été sculptés avec un réalisme époustouflant. Sa main, rude, osseuse, était à elle seule un chef-d'œuvre de minutie anatomique.

La voix de la reine, qui blâmait une esclave, tira Pithis de sa contemplation. Il se mit en devoir de revenir près d'elle.

– Ce monument est une splendeur digne de figurer dans le livre des merveilles ! déclara-t-il.

Un serviteur lui tendit une coupe, qu'il vida d'un trait tant la poussière et la chaleur lui desséchaient la gorge.

– Il le sera réellement lorsque tu y auras apposé ta marque, précisa Artémise sur un ton enjôleur. As-tu songé à la manière dont tu procéderas ?

Flatté, l'artiste déroula à même le sol le papyrus sur lequel il avait fait une esquisse de l'œuvre qu'il projetait de réaliser.

– Oui, noble Artémise. J'ai songé à sculpter Mausole près de sa divinité protectrice, debout, ferme, calme, la tête découverte et légèrement relevée, maintenant ses chevaux d'une main vigoureuse. Des lions, des léopards, molosses royaux, se tiendront près des roues du char de la guerre. Cette œuvre dominera le tombeau, au faîte de la pyramide.

La reine, qui s'était penchée sans se lever de son siège, hocha délicatement la tête.

– Je n'en attendais pas moins de toi et j'ai hâte de voir achevé le monument à la gloire de mon époux, lui qui a été le meilleur des frères[1] et le plus tendre des maris, le meilleur des guides pour son peuple.

Pithis, qui se tenait accroupi, baissa la tête pour ne pas laisser deviner son sentiment. « Que tu aies aimé ton époux est une chose, mais dire que ce tyran sanguinaire a été le meilleur des guides pour son peuple… Qui le regrette aujourd'hui, à part toi, pauvre et naïve Artémise ? » songea-t-il avant de répondre :

– N'en doute pas, ma reine, le rayonnement de Mausole sera admirablement rendu et je saurai faire hommage à sa splendeur.

---

1. Artémise et Mausole étaient en effet frère et sœur.

Artémise invita son hôte à achever leur visite, et Phitis rangea son papyrus.

Ils pénétrèrent dans le monument.

Une antichambre carrée, embellie de colonnes de marbre, de chapiteaux, de sculptures, où s'étalaient vases d'albâtre et figurines votives en terre cuite, accueillait le visiteur. Attrapant une lampe à huile, Artémise précéda son invité dans un passage qui s'enfonçait dans les profondeurs de la terre. Il les mena à la chambre funéraire.

Devant un mur à la décoration à peine ébauchée était posé le sarcophage de pierre sculptée du grand satrape.

À chaque angle de la pièce, une déesse gardienne tendait ses bras protecteurs vers le défunt.

– Est-ce ici, à ses côtés, que tu voudras être enterrée, noble reine ? interrogea Pithis.

Artémise passa la main sur le dessus du sarcophage comme si elle le caressait.

– Ce temps me paraît si lointain ! Nul n'est maître de son sort et, pour l'heure, je me dois à mon peuple. Mais si tu savais comme il me tarde de rejoindre Mausole pour l'éternité !

Pithis fut sincèrement ému par la poignante déclaration d'amour que cette femme adressait à son époux.

Lorsque l'artiste et la souveraine remontèrent à la surface, l'obscurité disputait déjà sa place au jour, et les premières étoiles apparaissaient dans le ciel violine.

Après un dîner donné en l'honneur de son hôte, Artémise congédia ses serviteurs et s'isola sur sa terrasse.

Lorsqu'elle fut assurée que le palais s'était endormi, que plus un bruit ne parvenait à ses oreilles, elle s'enveloppa dans une immense cape noire sous laquelle elle enfouit un mystérieux paquet et, secrètement, elle quitta le palais…

L'horizon de sable avait englouti le disque solaire, laissant la nuit manger les contours des maisons et des arbres. Sous la voûte sans lune se dressait le tombeau de son époux, aussi impressionnant que la pyramide d'un pharaon d'Égypte. Artémise s'y dirigea d'un pas décidé.

– Qui va là ? demanda un garde en approchant une torche du visage de l'intrus.

Reconnaissant la veuve du satrape, il se confondit en excuses.

– J'ai besoin de ton aide, Souad, souffla Artémise.

L'homme s'inclina respectueusement.

– Je vais appeler deux de mes hommes les plus sûrs…

Elle ne lui laissa pas le temps d'achever sa phrase :

– Non, ce n'est pas une escorte qu'il me faut… Toi seul me suivras. Emporte une torche et deux lampes à huile !

Le chef de la garde s'exécuta. Il ouvrit la marche et éclaira leurs pas jusqu'à la chambre funéraire. Alors, la veuve se tourna vers lui et lui ordonna :

– J'ai besoin de ta force pour déplacer la dalle du sépulcre.

Habitué à obéir aux ordres les plus étranges sans jamais se risquer à aucun commentaire, l'homme accrocha la torche au mur, posa sa lampe à huile et, sous le regard attentif d'Artémise, poussa la dalle jusqu'à la déplacer complètement.

Un frisson parcourut Souad lorsqu'apparut le sarcophage en bois peint. Le terrible Mausole, dont la cruauté avait fait trembler les hommes durant tout son règne, ne poursuivrait-il pas de sa malédiction ceux qui osaient violer sa sépulture ? Dérangé dans son sommeil éternel, son esprit ne viendrait-il pas hanter les nuits du chef des gardes qui avait osé profaner sa tombe ?

– Je n'ai plus besoin de toi, Souad. Je souhaite me recueillir seule cette nuit sur la dépouille de mon époux… Que l'on ne me dérange sous aucun prétexte !

Effrayé, il lui rétorqua sans réfléchir, comme un cri du cœur :

– Mais, vénérable souveraine, tu ne vas pas rester toute seule, toute la nuit, dans ce tombeau ?

La remarque déplut à Artémise, qui riposta d'un ton sec :

– Assez ! Fais ce que je t'ordonne et garde le secret sur ce que tu as vu cette nuit, ou il t'en coûtera…

Réalisant son impudence, Souad s'inclina :

– Pardon si je t'ai offensée, ô vénérable reine, et n'aie crainte : j'emporterai ton secret dans ma propre tombe !

Saisissant la lampe que la veuve royale lui tendait, il se retira à reculons.

Restée seule, Artémise déposa son mystérieux paquet sur une tablette. Puis elle empoigna la torche et dirigea la lueur sur le sarcophage, qu'elle regarda avec attendrissement.

– Oh mon époux, quel triste constat ! J'ai appelé les plus grands architectes, les plus grands sculpteurs afin qu'ils travaillent à ta gloire. Mais même si leur œuvre est édifiante, j'ai la certitude que rien en ce monde ne sera à la hauteur de mon amour pour toi. Non ! Aucun monument, fût-il classé merveille parmi les merveilles, ne peut suffire à te magnifier... Alors, doux amour, parce que depuis que la mort a fermé tes yeux, les miens n'ont cessé de pleurer, depuis que ton cœur s'est éteint, le mien a cessé de battre, je ne rêve que d'une chose : que tu vives par moi et à travers moi aussi longtemps que le ciel me laissera un souffle de vie...

Ce dernier mot sorti de ses lèvres, elle lâcha la torche, qui tomba avec un bruit sec et embrasa le cercueil. Artémise se réfugia au fond de la chambre funéraire, contemplant les flammes qui dansaient et éclairaient les murs. Elle suivit d'un regard apaisé les volutes de fumée bleutée qui montaient au plafond en tourbillonnant comme des spectres facétieux.

Très vite, l'épais brouillard, alourdi d'une odeur âcre de chair brûlée, satura la pièce, obligeant Artémise à se réfugier dans le corridor.

Elle resta encore longtemps immobile, tendue, dans l'obscurité totale du souterrain. Ses yeux cherchaient à pénétrer les ténèbres, ses oreilles à capter le moindre bruit. Du sarcophage vinrent des craquements, puis ce fut le silence.

Lorsque les flammes s'amenuisèrent, puis s'éteignirent, lorsque la fumée se fut dissipée, elle s'approcha de la tablette, ouvrit le mystérieux paquet, qui libéra une urne d'albâtre, une raclette et une pelle.

Elle entra dans le sarcophage de pierre et recueillit les cendres de son époux, qu'elle plaça dans l'urne.

Sa tâche achevée, elle referma la porte de la chambre funéraire. Puis, elle attrapa sa lampe à huile et remonta à la surface.

Dehors, la nuit claire scintillait de milliers d'étoiles. Artémise aspira une goulée d'air pur. Après s'être assurée que l'urne était bien dissimulée sous sa cape, et après avoir lancé un regard entendu à Souad, qui avait repris son poste, elle se mit en route.

De retour au palais, elle appela ses servantes, qui accoururent, les yeux lourds de sommeil.

– J'ai soif ! Apportez-moi une carafe, que vous remplirez du meilleur des vins du palais, celui que préférait mon époux bien-aimé.

Installée sur la terrasse, elle attendit que l'on ait exécuté ses ordres. Lorsque le nécessaire fut à portée de main, elle ordonna :

– Laissez-moi seule à présent. Retournez vous coucher !

Elle fit couler du vin dans une coupe finement ciselée et la posa sur le plateau. Débouchant l'urne d'albâtre, elle déversa une partie des cendres dans la boisson, remua pour les mêler au breuvage.

– Mon amour, mon époux, tu vas revivre en moi. N'est-ce pas le meilleur moyen pour que nous soyons liés à jamais ?

Elle porta la coupe à ses lèvres et, lentement, avala les cendres mêlées au vin. Puis elle procéda de la même manière avec une deuxième coupe.

– Mon amour, j'ai l'impression de m'unir à toi, comme au temps où je sentais ton souffle chaud sur ma nuque…

Elle se servit une troisième coupe, puis une autre, et encore une autre, jusqu'à ce que la carafe soit vide. Était-ce l'ivresse ou la magie de l'instant ? Le spectre de Mausole apparaissait à ses yeux. Elle tendit les bras, tenta de l'agripper.

– Viens, approche !

Il lui sembla qu'il prenait vie, lui murmurait des mots d'amour… Enfin, elle sombra dans un sommeil profond.

Sur la table, une carafe et une urne vides ; dans les mains d'Artémise, la coupe où, par amour, elle avait mêlé les cendres de Mausole au vin qu'il aimait. À présent, ils étaient ensemble pour la vie… Elle pouvait dormir tranquille…

VI

Le Colosse de Rhodes ou La Mort du géant

Stéphanos et Hélasius empruntèrent la ruelle pavée menant à leur maison, puis traversèrent l'agora.

– Presse-toi un peu ! grommela Stéphanos à l'adresse de son petit frère, tout en tirant sur le panier qu'ils portaient chacun par une anse.

– Tu es drôle ! J'ai des plus petites jambes que les tiennes, alors je ne peux pas avancer aussi vite. Et puis, c'est lourd.

Après de nombreuses haltes, ils arrivèrent devant leur maison et posèrent leur corbeille, au grand soulagement d'Hélasius.

Tandis que son grand frère poussait la porte d'entrée, par amusement, il sauta pour atteindre la chaîne qui actionnait la cloche.

– Est-il possible que tu sois aussi niais ! soupira Stéphanos.

La porte fermée derrière eux, ils traversèrent la cour, qu'ombrageait une belle treille.

Installée à son tour de potier, et tout occupée à sa tâche, leur mère, Pélisène, releva à peine la tête.

– Voilà ta terre glaise, maman.

Ensemble, les deux frères transvidèrent le contenu du panier dans un grand pot. Puis, saisissant une jarre, Stéphanos remplit les deux timbales d'eau fraîche posées sur la margelle du puits et en tendit une à son frère. Le nez pointé vers la colline, où le colosse de bronze se dressait, Hélasius s'exclama :

– Ah ! Stéphanos ! Comme j'aimerais avoir ta chance, comme j'aimerais un jour gravir les marches du géant et voir par ses yeux le monde d'en haut.

– Ma chance ? Le bel emploi que j'ai là ! Je suis obligé de grimper dans cette énorme statue de bronze par des centaines de marches pour aller me poster dans sa tête ! répondit l'aîné, après avoir vidé son godet d'un trait.

Hélasius répliqua d'un air mutin :

– De quoi te plains-tu ? Au moins, tu peux dire que tu as un poste élevé !

Stéphanos bouscula le farceur, qui perdit l'équilibre et tomba sur ses fesses.

– N'avez-vous pas fini de vous chamailler ? intervint Pélisène, sans interrompre sa tâche.

– Mais, je ne me moque pas de lui ! protesta Hélasius.

S'éloignant du puits où ils s'étaient désaltérés, les deux garçons s'assirent près de leur mère dans la cour.

Peu à peu, la boule d'argile qu'elle avait posée au centre du tour et qu'elle façonnait entre ses doigts prenait la forme d'un pot.

Hélasius s'agenouilla sur le sol. Pour soulager Pélisène, il posa ses mains sur le plat de la pédale et accompagna ainsi le mouvement des pieds de sa mère. Puis, revenant à la charge comme si l'idée ne l'avait pas quitté, il reprit, à l'adresse de son aîné :

– Tu sais combien j'aimerais t'accompagner un jour là-haut… Raconte-moi comment c'est. Où te postes-tu ?

Stéphanos soupira, irrité.

– Je te l'ai déjà expliqué cent fois, mille fois, dix mille fois !

Mais il croisa le regard fiévreux d'Hélasius et il se plia encore à sa demande.

– Je gravis plus de trois cents marches ! D'abord, il faut monter par les jambes du colosse, dans un escalier en colimaçon. Arrivé dans les fesses, je m'assois sur les miennes pour souffler un peu, puis je continue : j'atteins l'estomac, le cou, et enfin j'arrive dans sa tête !

Séduit, Hélasius délaissa la pédale du tour et s'adossa contre l'étagère où s'alignaient tous les pots en attente de cuisson. Il était captivé comme le sont tous les enfants qui écoutent des histoires fabuleuses. Attendri, Stéphanos poursuivit :

– L'endroit où je me poste est une espèce de chambre aux murs de bronze, d'où l'on domine toute la mer ; je vois de côté par le trou des oreilles, en face par celui de la bouche, et dessous par ceux du nez…

– Et les yeux, qui servent d'ordinaire à voir ?

À la question qu'il connaissait par cœur pour l'avoir entendue des dizaines de fois, Stéphanos fit cette réponse :

– Ils sont placés beaucoup trop haut pour que l'on puisse s'y hisser.

Déjà son petit frère se régalait de l'espièglerie de sa réponse :

– On va dire que tu vois par le nez et les oreilles du colosse et que tu respires par ses prunelles !

Stéphanos émit un rire forcé :

– Toujours tes plaisanteries stupides !

Haussant les épaules, il alla cueillir une orange pour mettre fin à la conversation.

Alors, comme s'il ne pouvait cesser de parler du colosse, Hélasius se tourna vers sa mère :

– Tu me racontes, dis, maman, comment le géant de bronze a vu le jour ?

Arrivée au terme de sa tâche, la potière décolla le vase achevé et le posa sur l'étagère. Puis elle alla se laver les mains dans une bassine d'eau. Elle souriait en voyant la mine suppliante de son plus jeune fils.

– Ne te l'ai-je pas répété des dizaines de fois ? Quand donc te lasseras-tu d'entendre ce récit ?

Mais face à l'air déçu d'Hélasius, elle se résolut à lui relater, une fois encore, l'histoire dont elle avait été témoin. Fixant le mur où elle accrochait ses outils comme si elle y puisait ses souvenirs, elle entama :

– Tout a commencé… à la naissance du monde. Lorsque Zeus divisa la terre entre les dieux, Hélios manquait à l'appel car il était haut dans le ciel. Il ne reçut, en conséquence, aucune part, mais Zeus le dédommagea en lui donnant l'île de Rhodes, qui venait tout juste d'émerger des eaux…

– Et c'est la raison pour laquelle Hélios est vénéré ici plus qu'ailleurs ! coupa Hélasius, triomphant.

Stéphanos, qui s'était rapproché, lui donna une pichenette :

– Tais-toi donc un peu !

Pélisène leur fit les gros yeux pour prévenir toute nouvelle chamaillerie, avant de poursuivre :

– Il fut un temps où notre île était l'un des plus grands centres maritimes et commerciaux : les constructions navales, le commerce du vin et de l'huile d'olive, l'exportation du marbre et d'objets en céramique en ont fait la fortune. Rhodes était alors sous la domination du grand Alexandre, le conquérant des mondes. Après sa mort, les habitants de notre île se révoltèrent contre son successeur ; ils l'expulsèrent et entourèrent

Rhodes d'une muraille. Cela ne plut pas à Antigone, le nouveau roi, comme vous pouvez vous en douter. Furieux, il décida de nous châtier et assiégea Rhodes. Heureusement pour nous, les dieux nous apportèrent leur aide : l'armée d'Antigone échoua et rentra chez elle, après avoir abandonné tout son équipement militaire sur place. Les habitants de notre île le récupérèrent et le vendirent. C'est avec l'argent récolté qu'ils décidèrent d'élever la statue colossale que vous avez sous vos yeux. Je n'étais qu'une enfant et pourtant je m'en souviens comme si c'était hier..., conclut-elle, le regard noyé dans l'infini.

Satisfaits, ses fils sourirent, comme l'on sourit lorsque l'esprit invente un songe merveilleux...

L'instant se serait poursuivi, magique, si la conque immense du garde-côte n'avait retenti pour annoncer la relève des sentinelles. Un coup d'œil de sa mère convainquit Stéphanos qu'il était l'heure de se rendre à son travail.

– Il faut que je me presse, ou Philos va me poursuivre à coups de canne, précisa le garçon.

Alors, il attrapa sa besace, accrochée à un clou, vérifia qu'elle contenait bien une outre d'eau, une ration de pain et de fromage de brebis, puis s'en alla, son petit frère sur les talons.

Ils coupèrent par le port, où les navires se croisaient à l'abri de l'imposante statue d'Hélios. Personne sur l'île ne pouvait manquer la représentation du dieu soleil, qui surplombait la mer. Le géant était si grand que son bras gauche tendu semblait toucher le ciel. Son bras droit, dirigé vers la terre, tenait une lance. Une légère draperie couvrait le haut de ses cuisses, le reste du corps était nu. Lorsque le ciel rougeoyait, Stéphanos se plaisait à faire croire à son frère que c'était la torche de la statue qui l'embrasait.

– Crois-tu ce que dit l'oracle ? Que le colosse tombera la nuit où il pleuvra de l'or ? demanda soudain Hélasius.

– Une pluie d'or ! Comment veux-tu qu'il pleuve de l'or ?

Hélasius haussa les épaules, incapable de répondre.

Les yeux de Stéphanos se fixèrent sur la surface polie du géant de bronze.

– De toute façon, le colosse est placé sous le signe 7, déclara-t-il, et ce chiffre sacré ne peut que lui porter chance… Il est haut de 70 coudées.

– 7 + 0 = 7, répondit Hélasius, qui connaissait ce jeu par cœur.

– Il mesure 115 pieds de haut.

– 1 + 1 + 5 = 7.

– Il a nécessité 13 tonnes de bronze et 12 ans ont été nécessaires à son érection…

– 1 + 3 + 1 + 2 = 7, lâcha encore Hélasius avec promptitude.

Puis il ralentit le pas, pour admirer une fois encore le colosse. Mais, constatant que son aîné avait pris de l'avance, il se hâta de le rattraper.

Après avoir délaissé le cœur de la cité et gravi la colline, Stéphanos abandonna son frère devant le socle de marbre où se trouvait l'entrée de la statue.

– Rentre, maintenant ! lui ordonna-t-il d'un ton sec.

Penaud, le cadet arbora une mine boudeuse et fit demi-tour, tandis que Stéphanos commençait sa vertigineuse escalade. Grimpant entre les colonnes de pierre et l'armature de fer qui constituaient le squelette de l'imposant dieu Soleil, il arriva à son poste de vigile.

– Te voilà enfin, siffla Philos, le gardien en chef. Je m'apprêtais à aller te chercher moi-même…

Stéphanos sourit, car il savait que sous ses dehors bourrus le vieil homme avait une grande bonté d'âme et l'aimait comme un fils.

Il s'installa à son poste et, par l'orifice de la bouche du géant, ils scrutèrent l'horizon. Le ciel était d'un bleu limpide ; la mer, caressée par les rayons du soleil, semblait parsemée de lames d'argent.

– Regarde, là, vers l'Orient et dis-moi si tes yeux voient bien, comme les miens, une voile égyptienne, demanda soudain Philos.

Stéphanos aiguisa son regard.

– Oui, confirma-t-il.

– Je vais m'assurer que le navire est ami ! Toi, ne quitte pas la mer des yeux, hein ?

Philos parti, Stéphanos s'installa sur un tabouret et surveilla l'étendue marine. Lui qui connaissait le colosse de l'intérieur jusqu'aux moindres rivets, il rêvait de voguer au moins une fois sur l'un de ces navires. L'effet produit par l'apparition du géant de bronze dès les confins de l'horizon devait être prodigieux !

Soudain un bruit sourd parvint à ses oreilles. Ce ne pouvait être la foudre, le ciel était trop bleu… Non… C'était un grondement houleux, comme un dieu qui manifesterait son mécontentement.

Stéphanos scruta plus intensément la mer. Rien à signaler : tout était calme, des mouettes s'ébattaient dans le ciel, l'air était apaisé… Sans doute avait-il rêvé.

Le bruit de pas gravissant les marches attira son attention. Lorsqu'ils furent tout près, il se retourna.

– Hélasius ? Que fais-tu ici ? Je t'ai déjà dit que tu n'avais pas le droit… lança-t-il avec colère.

Son petit frère s'approcha, le regard suppliant. Encore tout essoufflé par sa prodigieuse ascension, il implora :

– Je t'en prie Stéphanos, ne me renvoie pas. J'ai tant rêvé de voir la terre du ciel…

Stéphanos allait blâmer son cadet lorsqu'un grondement, qui semblait sourdre de la mer, lui donna une idée.

– Viens alors !

Hésitant, Hélasius s'enfonça dans le nez pour le rejoindre.

Impressionné par l'incroyable vue qu'offrait l'immense narine, il se pencha.

– Attention, tu vas tomber ! s'exclama son aîné en faisant mine de le pousser dans le vide.

Paniqué, Hélasius se débattit et fit un pas en arrière, alors que son grand frère se moquait de lui en riant :

– Je t'avais prévenu, tu n'as rien à faire ici !

Un nouveau grondement, bien plus violent que le précédent, parvint à leurs oreilles.

– Ne crains-tu pas de voir le colosse s'effondrer sous nos pieds ? insista Stéphanos, en adoptant la voix que l'on utilise d'ordinaire pour raconter des histoires terrifiantes.

Mais son cadet ne voulut pas s'en laisser conter.

– Quelle idée ! Et pourquoi s'effondrerait-il, dis-moi ? Charès, son créateur, était un génie…

– Peut-être, rétorqua Stéphanos. Mais on dit qu'il a fait des erreurs de calcul et que, ne pouvant supporter les critiques, il s'est suicidé avant la fin des travaux ! Si ces erreurs de calcul…

Son frère ne l'écoutait plus. Par l'orifice de la narine du géant, il avait remarqué l'avancée d'un navire, qu'il regardait, émerveillé.

– Jamais je n'ai vu tel spectacle. Les dieux ont de la chance, eux qui voient tout d'en haut ! Et les oiseaux aussi ! s'extasia-t-il.

Un nouveau grondement se propagea dans l'air, et dura bien plus longtemps que la fois précédente. Une réelle inquiétude s'insinua dans l'esprit de Stéphanos :

– Crois-tu que ce bruit annonce un désastre ?

– En tout cas, moi, ici, je me sens à l'abri, protégé des dieux ! répondit Hélasius, qui croyait que son aîné le raillait encore.

Un fracas roula sous la mer et fit trembler les parois. Intrigués, les deux frères se turent, tendirent l'oreille, puis scrutèrent les flots.

Les premières étoiles s'allumaient et le disque rouge du soleil s'abîmait dans la mer, faisant courir sur les vagues ses reflets cuivrés. Hélasius admirait ce spectacle lorsqu'au loin, une gerbe d'étincelles vint illuminer le ciel. Oubliant son vertige, il s'était approché au plus près des lèvres du géant.

– Regarde ! On dirait une pluie d'or… Une pluie d'or comme le prédit l'oracle : « le colosse tombera la nuit où il pleuvra de l'or… », s'exclama-t-il.

Stéphanos le fixa avec effroi, comme s'il prenait enfin les histoires de son cadet au sérieux.

– Et si c'était le volcan qui se réveille ? insista Hélasius. On dit que lorsqu'un volcan crache ses flammes, une ville est éclairée comme en plein jour.

Les rôles étaient inversés : le petit frère parvenait à faire peur au grand ! Ne voulant pas se laisser gagner par l'appréhension, Stéphanos réagit avec violence :

– Allons, arrête de radoter comme une vieille femme ! Le volcan est éteint depuis…

Il n'eut pas le temps de finir sa phrase : le colosse vacilla et ils perdirent l'équilibre. Rapidement, Stéphanos se releva. Il cherchait désespérément à s'accrocher à l'armature de métal tandis que son petit frère se cramponnait où il le pouvait.

– Que se passe-t-il ? Aurais-je courroucé les dieux parce que je suis monté jusqu'ici alors que tu me l'avais interdit ? gémit Hélasius.

Des vagues immenses déferlaient sur la côte ; le volcan, se réveillant d'un long sommeil, crachait de grands jets de lave qui retombaient en pluie d'or sur la mer. La cité semblait embrasée.

Stéphanos prit conscience de l'urgence : il actionna la trompe d'alerte, puis secoua son cadet, paralysé par la peur.

– La terre tremble. Vite, il faut qu'on sorte d'ici !

Sans se faire prier, Hélasius se précipita dans les marches, qu'ils dévalèrent.

Dehors, la panique était à son comble. Comme si les dieux avaient décidé de se livrer bataille, la mer était devenue écumante. Régulièrement, la terre grelottait puis se fendait en différents endroits : alors, elle déracinait des arbres, faisait s'effondrer des maisons ou les engloutissait dans ses crevasses. Des vagues immenses se fracassaient sur les rochers, le sol se dérobait sous les pas des Rhodiens qui fuyaient dans un désordre indescriptible. Les uns emportaient des cassettes, les autres des coffrets, des vases précieux, alors que les prêtres restaient devant leurs autels et faisaient des sacrifices aux dieux.

Comme mus par un sortilège, quatre rochers calcinés sortirent de la mer et envoyèrent tous les vaisseaux par le fond dans un effroyable bouillonnement. Un grondement roula, pareil au tonnerre qui, les jours d'orage, court longuement dans le ciel avant d'éclater.

Autour des deux frères, la foule s'agita comme un troupeau de bêtes surprises par un incendie de forêt. D'instinct, ne pouvant plus avancer, les enfants se serrèrent l'un contre l'autre, tandis que de part en part la terre ouvrait grand ses mâchoires pour engloutir tout ce qui était à sa portée.

Soudain, un gros fracas fendit le sol jusqu'au colosse. Celui-ci vacilla un instant, comme s'il hésitait, puis s'immobilisa. La foule s'arrêta, ahurie. Tous les regards se fixèrent sur le spectacle hallucinant. Même Stéphanos, au mieux de sa forme, n'aurait pu imaginer histoire aussi fantastique pour effrayer son frère.

Tout à coup, le géant de bronze se brisa en deux et s'effondra, comme si les dieux le chassaient brutalement de leur royaume. Seules les deux demi-jambes, posées sur le rocher comme les bottes vides d'un Titan[1], restèrent debout.

En peu de temps la statue du dieu Hélios s'enfonça dans la mer, tel un navire en perdition.

– C'est ma faute ! Ma faute ! C'est parce que je t'ai désobéi, tu m'avais prévenu, cria Hélasius avant de fondre en larmes.

---

1. Géant dans la mythologie grecque.

Sa voix, couverte par le vacarme du tremblement de terre, n'arriva pas aux oreilles de Stéphanos. Ce dernier jetait des regards affolés autour de lui, se demandant s'ils étaient victimes de quelque sortilège. Brutalement, il fut saisi d'une angoisse et toutes ses pensées se cristallisèrent sur leur mère : allaient-ils la revoir vivante ?

– Il faut retrouver maman ! hurla-t-il.

Au même moment, une nouvelle secousse ébranla tout un pan de l'édifice qui leur faisait face. Se laissant porter par la foule qui fuyait comme un seul homme l'endroit maudit, ils se retrouvèrent sur l'agora. Pas une bâtisse n'avait résisté au séisme : une vie entière de souvenirs avait été balayée en quelques heures.

– Où est notre maison ? hoqueta Hélasius, dont le regard se perdait sur les tas de ruines.

Ils avancèrent dans les décombres de ce qui était autrefois leur havre de paix, tels deux fantômes, et finirent par atteindre leur quartier. Pensant avoir repéré leur cour, ils se mirent à arracher les pierres, à soulever les planches, jusqu'à en avoir les mains en sang.

– Maman… Maman… appelaient-ils sans relâche.

À la fin, après qu'ils eurent tout démonté, Hélasius s'effondra en larmes :

– Elle n'est pas là !

Stéphanos tenta de le calmer :

– Ça veut dire qu'elle a trouvé refuge ailleurs.

Ils revinrent sur leurs pas et errèrent dans les rues méconnaissables. À présent, ils espéraient trouver leur mère grâce à l'aide des dieux.

La mer, en contrebas, gargouillait comme de l'eau en ébullition.

– Qu'est-ce que c'est ? demanda Hélasius d'une toute petite voix.

Médusé, en panne de réponse, Stéphanos fixa les remous de l'eau, qui gonflaient toujours. Il ne comprenait pas ce qui se passait. Peut-être était-ce contre lui que les dieux déchaînaient leur colère, pour lui montrer ce qu'est la terreur ? Il se promit que s'ils sortaient indemnes de cette catastrophe, jamais plus il ne ferait peur à son cadet. Machinalement, d'ailleurs, il le serra contre lui.

Soudain, une vague prodigieuse s'éleva. Comme si Poséidon, le dieu de la mer, cherchait à s'en débarrasser, la mer recracha le colosse, qui retomba sur la terre ferme et se brisa dans un fracas épouvantable.

Un dernier tremblement. Une dernière vibration. Puis le silence.

Poséidon semblait s'être apaisé ; Héphaïstos, le dieu du monde souterrain, avait fait taire le volcan enragé ; Éole, le dieu des vents, fait tomber la tempête. Un calme étrange reprenait possession de la terre.

Hélasius leva son visage décomposé vers son frère :

– Crois-tu que les dieux ont cessé de se battre ?

Par un haussement navré d'épaules, Stéphanos exprima son ignorance.

– Saurons-nous un jour pourquoi ils se sont mis en colère ? questionna encore Hélasius.

– Tu poseras tes questions plus tard, dit doucement son aîné. Pour l'heure, allons chercher maman…

Ensemble, ils se mirent en marche au milieu des débris, jetant des regards incrédules alentour. Les Rhodiens, désespérés, couraient en tous sens à la recherche des leurs, relevant les morts, enjambant les ruines.

Le ciel se teintait d'indigo et de rose pour saluer le jour naissant lorsque les deux frères virent leur mère.

– Maman ! cria Hélasius.

Pélisène errait, le corps couvert de poussière, hagarde, mais saine et sauve. En apercevant ses enfants, elle porta les mains à son visage et se mit à pleurer de joie, avant de courir vers eux et de les embrasser de toutes ses forces.

Puis, imitant les autres habitants de l'île, la famille recomposée se rendit sur le rocher où le monstre gisait, démantelé : ici la tête, là une main, plus loin encore son poitrail éventré.

L'armature de fer avait été brisée à différents endroits. À présent, tout un chacun pouvait voir de près la surface de bronze martelé et assemblée par des chevilles.

Après la terrible nuit qui avait failli les engloutir, des enfants avaient retrouvé quelque insouciance, un dérivatif à leur malheur. Ils s'introduisaient et ressortaient de la tête par les yeux, les oreilles, les narines, tandis que d'autres tentaient d'entourer le pouce du colosse de leurs petits bras.

Les dieux avaient-ils voulu punir la prétention de l'architecte Charès en jetant sa statue à terre ? Souhaitaient-ils indiquer aux humains que nul ne peut atteindre les cieux ? Que nul n'est autorisé à entendre leurs conciliabules ?

Quoi qu'il en soit, l'oracle, consulté cette nuit-là par les prêtres, interdit la reconstruction du colosse…

VII

LE PHARE D'ALEXANDRIE
OU
L'ÉLÈVE D'ARCHIMÈDE

LES REINS APPUYÉS contre l'écorce lisse d'un arbre, Athanase s'était installé en haut d'une colline qui surplombait la cité. Alexandrie[1] était là, à ses pieds, avec ses jardins, ses théâtres, ses temples, ses places bruyantes et ses maisons en terrasses.

Dans le port étaient amarrés des navires venus de toutes les régions du monde connu. Les yeux noirs d'Athanase se fixaient sur l'île de Pharos avec,

1. Fondée par Alexandre le Grand en 331 av. J.-C., à l'ouest du Nil, Alexandrie fut le premier port de l'Égypte dans l'Antiquité.

à son centre, l'objet de toutes les convoitises, de tous les rêves, de tous les secrets bien gardés : le pharos.

Cette tour, monumentale construction de pierre et de bronze, recouverte d'un marbre d'une blancheur éblouissante, était coiffée de l'imposant Poséidon, maître des Océans. Les marins étaient unanimes : bien avant d'apercevoir les côtes d'Alexandrie ils voyaient, saisis de stupeur, le sommet du pharos monter à l'horizon comme si le dieu triomphant surgissait de son royaume aquatique, le trident à la main !

Il est vrai que depuis la construction du phare par le roi Ptolémée Ier, successeur du grand Alexandre, les plus illustres scientifiques y avaient intégré leurs inventions révolutionnaires… Parmi ces savants, il fallait ranger le prestigieux Archimède de Syracuse[1], qui enseignait à Alexandrie et qu'Athanase n'osait approcher…

Depuis plusieurs jours, il n'avait cessé d'errer dans la cité ; non pour se mêler à la foule qui évoluait

---

1. Physicien, mathématicien, ingénieur, Archimède (287 av. J.-C. - 212 av. J.-C.) fut l'un des plus grands savants de son époque.

dans l'embrasement de la fête de l'Hécatombéion[1], mais parce qu'il ne trouvait pas le courage d'aller plus loin : accéder à la ruelle où le grand maître résidait.

Le jeune garçon ferma les yeux, cherchant dans tous les bruits qui l'entouraient un signe des dieux : des mouettes s'ébattaient au-dessus de sa tête… Des vagues venaient se briser sur les rochers… Des enfants criaient… Des cigales chantaient...

Quand, soudain, un son attira son attention : les quatre tritons de bronze, fixés au deuxième étage du pharos, résonnaient bruyamment au loin… Le dieu Éole l'appelait… Cela ne faisait aucun doute.

Athanase rouvrit les yeux et les fixa sur le pharos ; les statues qui ornaient le pied du monument semblaient également s'adresser à lui : celle qui, d'un doigt, suivait le mouvement du Char du Soleil à mesure qu'il s'élevait dans le ciel, paraissait lui dire : « Qu'attends-tu, mortel, pour prendre ton destin en main ? » L'autre statue automate, qui accompagnait musicalement les heures, avait l'air de le fixer en lui adressant le même avertissement…

---

1. Juillet. Le mois des hécatombes, sacrifices publics en l'honneur d'Athéna.

Athanase se persuada que, s'il n'arrivait pas à se décider, les dieux se détourneraient à jamais de lui ! Alors, il se fit violence : il se leva et dévala la colline.

Sa course s'arrêta à la limite de l'agora.

Pour honorer Athéna, la déesse de la guerre et de la sagesse, les prêtres avaient procédé au sacrifice de cent bœufs dans le temple.

Athanase enjamba l'une après l'autre les rigoles où le sang coulait, arrivant ainsi aux abords de la voie où vivait le maître.

Parvenu devant la maison d'Archimède, le cœur battant, il tira sur la chaîne qui actionnait la cloche.

Une vieille femme, aux articulations rouillées par l'âge, le reçut et lui fit traverser une cour intérieure. Du chèvrefeuille s'accrochait aux murs et embaumait l'air. Lorsque, enfin, le maître fut devant lui, le cœur d'Athanase fit un bond dans sa poitrine.

– Il m'est arrivé de t'entendre enseigner. Je voudrais me mettre à ton service, bredouilla-t-il, sans même avoir songé à saluer.

Étonné par cette visite inattendue, Archimède répéta :

– À mon service ?

Le jeune garçon, qui avait consacré son énergie et son courage au seul fait de franchir cette porte, n'avait préparé aucun discours. Tout s'emmêla dans son esprit. Après un court silence où il faillit fuir, il lâcha tout à trac :

– Je souhaite participer à ton œuvre sur le pharos.

L'œil noir d'Archimède le vrilla comme s'il cherchait à lire dans ses pensées.

– Quelles sont tes connaissances ? demanda-t-il enfin.

– Aucune ! rétorqua Athanase, regrettant immédiatement sa précipitation.

Le savant hocha la tête, desserra une nouvelle fois les mâchoires pour articuler :

– Et en quoi es-tu censé m'être utile ?

Déstabilisé par la pertinence de la question, le jeune garçon se sentit soudain ridicule.

– En rien, admit-il sur le ton de la défaite.

Archimède lui adressa un sourire comme s'il doutait de sa raison.

– Si j'ai bien saisi ton propos, tu es à peine capable de calculer la distance qui sépare ta tête de tes pieds, mais tu veux m'assister !

Que répondre de plus médiocre que ce qu'il avait déjà dit ? Anathase s'en voulait d'être venu jusqu'en ce lieu pour se ridiculiser de la sorte. Il articula, penaud :

– Je ne peux savoir que ce que les dieux ont bien voulu m'enseigner, car jamais je n'ai eu la chance de suivre et écouter un maître ! Tout ce que je souhaite, c'est comprendre le monde, apprendre ! Je m'intéresse à notre pharos ; je me doute que si les plus grands savants – toi y compris – y consacrent leurs connaissances…

Archimède le coupa dans son élan :

– M'élèverais-tu au rang de grand savant ?

Sa peur oubliée – qu'avait-il à perdre à présent ? – Athanase se laissa aller à son admiration.

– Tes « miroirs ardents[1] » ont fait ta renommée jusqu'aux confins du monde ! Et que dire de tes statues automates qui suivent la course du Char du Soleil ou qui carillonnent les heures ?

Le maître hocha encore la tête, puis il se leva pour signifier au jeune garçon que leur entretien était terminé et le raccompagna vers la sortie. Tout était joué et

1. Ce sont des miroirs qui, réfléchissant les rayons du soleil, produisaient des incendies, par exemple sur les bateaux ennemis.

lamentablement mené. Muet, humilié, Athanase n'osa rien ajouter, hormis un piètre salut, tête basse.

Il allait s'éloigner lorsqu'il entendit :

– Attends-moi demain sur la jetée !

Ivre de bonheur, le jeune garçon se mit à courir et enfin, essoufflé, il se mêla aux spectateurs au moment où les vainqueurs des concours gymniques recevaient la palme… Un instant, il crut que c'était lui que la foule acclamait !

Athanase s'élança dans les rues de la cité dès les premières lueurs de l'aurore. Déjà, les femmes s'attroupaient autour de la fontaine pour remplir leurs amphores d'eau fraîche. Plus loin, les ouvriers de l'arsenal construisaient une galère. Dans la canicule, des forgerons fabriquaient de longs clous et battaient des plaques de plomb, tandis que d'autres débitaient des troncs.

Le cœur impatient, le jeune garçon attendit Archimède près de l'endroit où les pêcheurs déchargeaient le fruit de leur pêche.

Enfin, le savant arriva et entraîna Athanase dans une barque.

Dès qu'ils se furent intallés, le rameur détacha la corde qui liait l'embarcation à la terre ferme. Avec dextérité, il manœuvra la barque, et celle-ci s'éloigna avec la grâce d'une hirondelle de mer.

À mesure qu'ils approchaient de l'île, la hauteur du pharos augmentait, vertigineuse. Extasié, le nouvel élève écarquillait les yeux.

Le maître l'apostropha :

– Peux-tu imaginer le nombre d'arbres qu'il a fallu abattre, les tonnes de plomb que nous avons dû acheminer jusqu'ici ? Peux-tu imaginer les milliers de journées de travail nécessaires à l'édification de ce monument à nul autre pareil ? En quittant cette île, tu comprendras que le phare est tout à la fois un temple dédié à la religion, à l'art, à la navigation et à la science !

Au-dessus de leurs têtes, bras immense jeté entre l'île et la terre ferme, l'aqueduc Heptastade plongeait ses arcades dans la mer. Le nez en l'air, Athanase roulait des yeux ronds en passant sous l'arche monumentale ; le maître le sortit une nouvelle fois de sa contemplation :

– En regardant le pharos, que notes-tu ?

Athanase plissa les paupières :

– Que la base est carrée, le deuxième niveau octogonal et le troisième circulaire… Que les parois ne s'élèvent pas à angle droit mais s'inclinent légèrement vers l'intérieur.

– Bien… C'est pour éviter l'impression d'écrasement et obtenir un effet optique agréable, expliqua Archimède.

Après un moment de réflexion, Athanase demanda encore :

– Oui, mais… Pourquoi trois étages de formes différentes ?

Satisfait par la curiosité du jeune garçon, Archimède répondit de bon cœur :

– Le grand philosophe Platon enseigne que pour vivre, l'être humain a besoin du cerveau, siège de la raison, des muscles, qui lui donnent la force, et des choses de la chair, à savoir le boire, le manger, le dormir. Le 3 est donc le symbole de l'idéal, le nombre parfait… Ainsi, l'architecte qui a conçu le pharos a voulu symboliser le cerveau, à l'étage supérieur ; l'étage du milieu, consacré aux vents, représente la force en mouvement. Quant à l'étage inférieur, où les ouvriers dorment, se restaurent, emmagasinent les objets, il symbolise les choses de la chair…

Le savant attendit un instant. Comme l'élève restait silencieux, il insista :

– Et si je te dis que la hauteur totale du pharos est de 4 plèthres[1] ?

Athanase resta muet. Que voulait lui faire dire le maître ? Il réfléchit un long moment et finit par hausser les épaules en signe de désarroi. Archimède lui donna la réponse qu'il n'aurait su trouver, même s'il y avait réfléchi durant une semaine :

– Cette hauteur concorde avec le rayon de courbure de la Terre ! Ainsi, les gardiens du phare peuvent apercevoir les navires lorsqu'ils sont à une journée de mer.

– La courbure de la Terre ? répéta l'élève, ahuri.

Le regard du maître se posa longuement sur lui.

– Oui… Comme Thalès[2], je crois que la Terre est ronde comme une sphère.

– Est-ce la raison pour laquelle, lorsque je regarde la mer du haut de la colline, je vois les galères s'effacer

1. Unité de longueur dans la Grèce antique correspondant à 29,60 mètres.
2. Thalès de Milet (625 av. J.-C. - 527 av. J.-C.) philosophe, astronome, mathématicien, fut considéré comme l'un des « sept sages de la Grèce ».

aux confins de l'horizon, comme une fourmi qui avance sur un melon et qui à un moment disparaît de ma vue ?

– Oui. Et tu te doutes bien qu'Ératosthène, Euclide et bien d'autres savants ont vérifié la chose !

Abasourdi, Athanase demanda encore :

– Mais tu parles d'une journée… Comment peut-on voir à une si longue distance à l'œil nu ?

– Bonne question !

La repartie d'Archimède laissa son élève sur sa faim ; il savait que la réponse se trouvait dans la dernière partie du monument.

Le maître s'était tu, permettant au jeune garçon de réfléchir à tout ce qu'il venait de lui enseigner.

Ils accostèrent.

En levant les yeux, Athanase imagina le poids que devait avoir cette montagne de pierre et de bronze dont on ne voyait plus le bout, et qui donnait l'illusion, les jours où le ciel était couvert, de se perdre dans les nuages.

– Mais un tremblement de terre ne ferait-il pas s'effondrer cet édifice, comme ce fut le cas pour le colosse de Rhodes ? demanda l'élève.

Archimède ignora sa question et l'entraîna devant l'entrée du bâtiment.

Pris de court, le jeune apprenti n'osa pas interroger le savant sur le mystérieux mécanisme des statues du Soleil et des Heures devant lesquelles ils passèrent.

– Non, car ses fondations ont été coulées dans une couche de sable humide, finit par répondre le maître, alors qu'ils pénétraient dans le pharos. Et c'est ce qui garantit l'ouvrage contre les séismes et les affaissements de terrain.

Athanase s'arrêta devant un puits creusé dans le sol :

– Cette citerne d'eau, alimentée par le pont-aqueduc Heptastade, sert à faire fonctionner les machines…

Les informations d'Archimède lui arrivaient l'une après l'autre, comme autant de gifles à son ignorance, au point que le jeune garçon ne savait plus où donner de la tête :

– Les machines ? Quelles machines ?

– Les machines[1] qui servent à monter les charges lourdes !

---

1. L'ascenseur par pression hydraulique existait déjà !

Le maître invita son élève à gravir la rampe à plan incliné qu'empruntaient bœufs et chevaux de trait pour hisser le matériel jusqu'au sommet du phare.

– À présent me vient une autre interrogation, déclara Athanase, alors qu'ils arrivaient au deuxième niveau. Pourquoi cet étage est-il octogonal et non carré comme la base ?

– Comme je te l'ai expliqué, l'étage moyen est associé à la force en mouvement, donc aux vents : les quatre grands vents cardinaux maniés par Éole, au nord, à l'ouest, à l'est et au sud, mais aussi les quatre vents intermédiaires…

– Huit côtés comme les huit vents ! s'exclama Athanase, fier de sa perspicacité.

Le maître se libéra d'un rire franc. Son élève lui plaisait, sa curiosité était très louable !

Impatient, le jeune garçon leva les yeux sur l'escalier conduisant à la lanterne située au troisième niveau. Combien il aurait aimé pénétrer dans le cœur du phare, surmonté par la statue du dieu de la mer !

Bien que son regard trahît sa fièvre, Archimède ne l'invita pas à y aller, se contentant de commenter :

– Ce dernier étage abrite la lanterne et le matériel, bien trop précieux pour être dévoilés au tout-venant, et encore plus pour rester exposés à l'humidité de la mer.

Athanase était réellement froissé par ce refus du maître. Bien sûr, depuis la nuit des temps, les sentinelles allumaient des feux côtiers pour guider les galères entrant au port, mais le feu du pharos restait bien mystérieux. Comment pouvait-il être vu d'aussi loin et surtout « tourner » ?

N'y tenant plus, le jeune garçon interrogea le savant à ce sujet. Une fois encore, la réponse le blessa :

– Tu es vraiment curieux pour un simple visiteur !

« Simple visiteur »... Cela signifiait-il que le maître ne le considérait pas autrement qu'un convive ? Voulait-il ainsi lui faire savoir qu'il ne l'acceptait pas comme élève ?

– Je te trouve bien songeur... Quelle autre question te trotte dans la tête ? lui demanda Archimède.

Gêné, pour ne pas dire humilié, Athanase n'osa pas lui dévoiler le fond de sa pensée. Il en concluait que la « visite » était terminée. L'heure était venue de reprendre la barque qui les reconduirait à la cité.

Il était temps pour le savant de retourner à ses croquis et à ses élèves, pour lui de rejoindre ses rêves inassouvis.

Le soleil, arrivé à son zénith, figeait tout sur place. Le souffle des vents dans les tritons géants s'était fait ronronnant, les dieux s'étaient assoupis, ils semblaient l'avoir abandonné. Athanase invoqua Castor et Pollux, les dieux protecteurs des marins, puis Poséidon, le dieu de la mer… « Un signe des dieux, un signe des dieux » implorait-il intérieurement, tandis qu'Archimède le reconduisait vers la sortie.

Soudain, alors que tout lui semblait perdu, l'une des conques immenses fit entendre un cri rauque. Le dieu Poséidon avait-il entendu son appel ?

Le maître abandonna son jeune compagnon et se hâta de gagner le troisième niveau. Intimidé, ne sachant que faire, Athanase attendit en fixant ses yeux sur l'horizon liquide, puis sur la statue des heures, qui pointait le doigt vers le ciel… Non… Vers le troisième niveau… Elle semblait lui dire : « Mais que fais-tu à rêvasser ici au lieu d'être là-haut ? »

Sans se l'expliquer, et le prenant pour un nouveau signe du destin, le jeune garçon gravit les quelques marches menant au dernier étage du phare. Après une longue respiration, encore une hésitation, il en poussa la porte aussi silencieusement qu'il le put.

À quoi s'était-il attendu ? Il balaya d'un regard déçu ce petit réduit où s'entassait un matériel dont il ignorait l'utilité.

Il s'approcha discrètement du maître et, comme lui, fixa l'horizon.

– Des navires inconnus à une journée de voile !

Le regard perdu dans le lointain, Athanase finit par renoncer à les apercevoir.

– J'ai beau m'user la vue, je ne vois rien…

– L'œil humain n'en est pas capable sans l'aide de cet instrument, répondit Archimède en lui tendant un tube mystérieux.

Le jeune garçon prit l'objet, le retourna dans ses mains, perplexe. Le maître expliqua :

– Ferme ton œil gauche, et regarde… par là…

Le recul soudain d'Athanase, son cri d'effroi, arrachèrent un rire au vieil homme.

– N'aie crainte, ils sont loin…

Athanase n'en revenait pas ! Ainsi, cette mystérieuse lunette magique, née du génie du savant et dont les

Arabes cherchaient désespérément à percer le secret, n'était pas une légende !

– On dit que c'est toi, maître, qui as conçu les procédés les plus extraordinaires de ce phare...

– Détrompe ceux qui le prétendent, car ce monument est l'œuvre du génie humain et de la communion des savoirs.

– Mais comment est-il possible que, de l'extérieur, on voie le feu tourner alors que ce foyer ne diffère en rien de ceux que l'on connaît ? osa enfin demander Athanase.

– Le feu ne « tourne » pas lui-même, mais il se réfléchit dans ces miroirs qui, par leur positionnement, projettent les rayons lumineux dans toutes les directions, répondit simplement Archimède.

Là, Athanase touchait du doigt le génie du grand savant : l'invention de ses miroirs merveilleux !

Le vieil homme entraîna son élève vers le premier niveau, puis vers la sortie.

– Pense que tes pas s'impriment dans ceux de tous les savants qui ont contribué à la gloire de cet édifice : Alexandre le Grand puis les deux rois Ptolémée, mais également Ératosthène ou le grand Euclide, qui fut mon maître et qui a formulé la théorie des « miroirs ardents » que je n'ai fait que mettre en pratique ! Sans compter Héron, l'inventeur de la machine à vapeur[1] qui avec nous s'est occupé de l'optique et auquel on doit toutes sortes d'automates, plus curieux les uns que les autres… Et qui sait ? Peut-être le tien aussi, un jour, sera-t-il associé à cette merveille ?

Athanase avala sa salive.

– Cela veut-il dire… que tu reçois ma demande ?

Archimède lui sourit, posa sa main sur l'épaule du jeune garçon. Cela suffit à son bonheur.

1. Quelques siècles avant Denis Papin (1647-1712) à qui l'on attribue l'invention de la machine à vapeur, Héron avait inventé une machine à vapeur appelée « éolipyle », c'est-à-dire « porte à vent ».

CARTE DES SEPT MERVEILLES DU MONDE

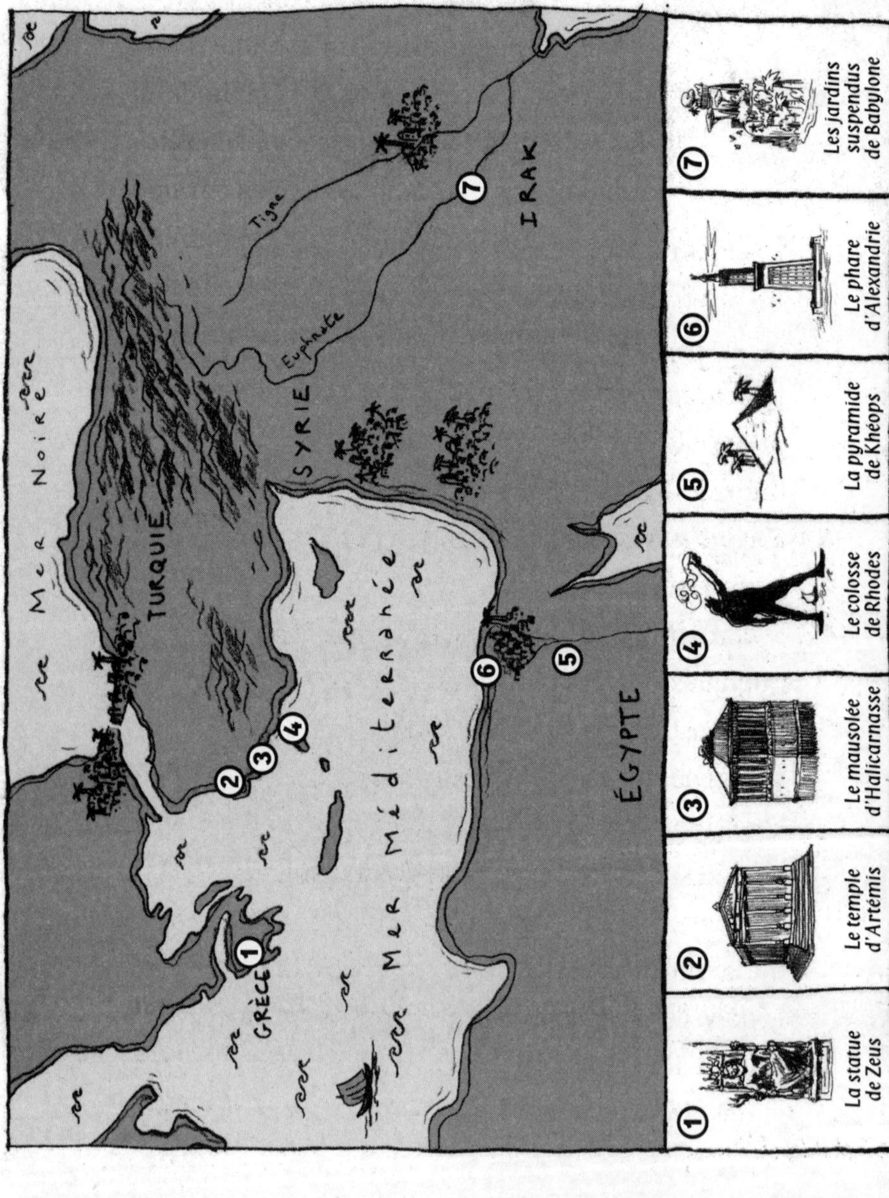

Postface

Les sept merveilles ont-elles vraiment existé ? En effet, leur destin semble à ce point extraordinaire et les histoires que l'on raconte à leur sujet sont tellement fabuleuses qu'elles paraissent inventées pour plaire aux esprits curieux ! Heureusement la pyramide de Khéops, qui est la seule des sept merveilles à avoir su résister au temps, est là pour témoigner de leur existence…

Car en dehors de ce monument, d'une liste et de quelques descriptions, il reste très peu de traces de ces constructions hors du commun qui ont, un temps, subjugué le monde. Au point que certains d'entre eux conservent encore pour nous bien des mystères. Nous sommes, de nos jours, incapables de situer l'emplacement exact des Jardins suspendus de Babylone, qui semblent dispersés dans les sables. Et l'on a perdu la trace des fragments du colosse au VIIe siècle, lorsque l'île de Rhodes a été envahie par les Arabes : ceux-ci ont alors démonté les restes de la statue qu'ils ont fait transporter par 900 chameaux dans le désert où ils ont à jamais disparu.

La difficulté était donc pour moi de savoir ce qu'étaient vraiment ces monuments. Il a donc fallu que j'aille puiser chez les Anciens. Minutieuse tâche : quelques lignes par ci, une liste par là, une mention plus loin.

Tous ces éléments mis bout à bout m'ont permis de dresser les contours de la « vie » des merveilles. Mais bien des zones d'ombre subsistaient et il m'a fallu parfois « romancer » un peu, pour mettre en valeur leur beauté et leur grandeur.

Aujourd'hui encore, une question s'impose à moi. En construisant ces œuvres, les hommes ont-ils voulu se mesurer aux dieux ? Atteindre l'immortalité ? Ou simplement se dépasser eux-mêmes ? En se fiant à la destruction presque systématique de ces monuments, on peut sans doute admettre que ces objectifs n'ont pas été atteints.

Si ces joyaux architecturaux n'ont pas supporté l'outrage du temps, ils ont su rester dans notre culture et dans notre langue. Au XIXe siècle, le sculpteur Bartholdi s'est ainsi inspiré du colosse de Rhodes pour créer la Statue de la Liberté. Et le mot « mausolée » désigne aujourd'hui un tombeau monumental en référence à la tombe du grand Mausole.

Mais surtout, les sept merveilles sont encore présentes dans notre imaginaire. Et c'est leur destin extraordinaire qui fait rêver les hommes, de génération en génération, au point que leur écho résonne encore à nos oreilles…

QUELQUES DATES

La pyramide de Khéops
Construction : 2600 av. J.-C.
Encore visible aujourd'hui.

Les jardins suspendus de Babylone
Construction : 595 av. J.-C.
Destruction : Ier siècle av. J.-C., cause inconnue.

La statue de Zeus
Construction : 430 av. J.-C.
Destruction : VIe siècle, incendie.

Le temple d'Artémis
Construction : 400 av. J.-C.
Destruction : 370 av. J.-C., incendie.

Le mausolée d'Halicarnasse
Construction : 353 av. J.-C.
Destruction : 1494, tremblement de terre.

Le colosse de Rhodes
Construction : environ 290 av. J.-C.
Destruction : entre 224 et 227 av. J.-C., tremblement de terre.

Le phare d'Alexandrie
Construction : 280 av. J.-C.
Destruction : 1303, tremblement de terre.

BIBLIOGRAPHIE

Lexicon Iconographicum Mythologiæ Classicæ (LIMC), Artemis Verlag, 1981-1997, n° 89.

Roger ARNALDEZ, *De opificio mundi*, trad. de l'œuvre de Philon d'Alexandrie, 1961.

Michel AMIN, *Histoire du phare antique d'Alexandrie, une des merveilles du monde*, Nanterre, 1992.

C.A.B., *Babylone et ses merveilles, recherches historiques sur la splendeur et la ruine de la reine des cités*, Paris, 1819.

CAÏUS SUETONIS TRANQUILLUS dit SUÉTONE, *De vita XII Caesarum (La Vie des douze Césars)*, Caligula, XXVII-XLI, Lugduni, 1508.

Auguste CAPDEVIELLE, *Érostrate*, Paris, 1905.

Georgius CEDRENUS, *Compendium Historiarum*, vol. I, Paris, 1647.

Étienne DANET (abbé), *Vie de Sémiramis*, Londres, 1748.

DIODORE DE SICILE, *Histoire universelle*, traduite par l'abbé Terrasson, tome I, 1744.

DIODORO DI SICILIA, *Storia universale*, 6 vol., Rome, 1793.

Pierre DU RYER, *Nitocris, reine de Babylone*, Paris, 1650.

Patrice GEORGIADES, *Les secrets du phare d'Alexandrie*, Alexandrie, 1978.

Wolfram HOEPFNER, *Der Koloss von Rhodos*, Mainz-Rhein, 2003.

Ibn BATTÛTA, *Voyages*, 5 vol., Paris, 1853-59.

Jean KÉRISEL, « La pyramide de Khéops », *Archeologia*, n° 232, fév. 1988, pp. 46-56.

François LENORMANT, *La légende de Sémiramis, premier mémoire de mythologie comparative*, Bruxelles, 1873.

Brigitte LION, « À la recherche des jardins suspendus », revue *l'Histoire* n° 301 (septembre 2005).

J.-B. MORAINVILLE, *Le flambeau de l'univers*, avec description des sept merveilles du monde, Douai, 1829.

Paulette Pelletier-Hornby, « La gloire d'Alexandrie », *Archeologia*, n° 345, mai 1998, pp. 11 à 38.

Philon d'Alexandrie, *Œuvres complètes*, Paris, 1961.

Philon de Byzance, *Sur les sept merveilles du monde*, J.-P. Adam, Paris, 1989.

Pline, *Histoire Naturelle*, extraits, Paris, 1780, 1833.

Gisela Richter M.A., « The Pheidian Zeus at Olympia », *Hesperia*, vol. 35, n° 2 (avril-juin 1966), pp. 166-170.

J.-F. Roussel, « Le colosse de Rhodes », *Archéologie et Préhistoire* n° 8, juillet 1979, pp. 18-20.

Zofia de Serdakowska, *Les Jardins suspendus de Sémiramis*, Paris, Lausanne,1965.

G.- R. Tabouis, *Nabuchodonosor et le triomphe de Babylone*, Paris, 1931.

Drifa Touatou, *Sémiramis, reine de Babylone*, Toulon, 1995.

Jacques Vandier, *Manuel d'archéologie égyptienne*, Vol II, Paris, 1954.

Alessandro Verri, *Notti Romane, al sepolcro de Scipioni, part.* 2a « Vita di Erostrate », Rome, 1815.

Table des matières

Anne Pouget

Fille d'immigrés italiens, j'ai grandi en France. L'argent était rare et nos loisirs se limitaient aux jeux en extérieur et à la lecture. Les livres, nous les trouvions à la bibliothèque municipale, bien sûr, mais aussi au marché, le jeudi, où nous pouvions échanger dix livres lus contre dix livres au choix pour dix centimes. Inutile de dire que l'étal du libraire était envahi de jeunes lecteurs friands d'aventures en tout genre ! Nous rentrions chez nous avec notre précieux trésor, que nous dévorions en une journée et que nous relisions dans la semaine jusqu'à en connaître toutes les répliques par cœur. Grâce à ces pages, nous goûtions à toutes sortes de voyages – dans le temps, dans l'espace, dans les contrées les plus reculées – à moindres frais. C'est ainsi que j'ai découvert l'histoire du colosse de Rhodes, qui m'a fascinée. Mais très vite j'ai été frustrée : il n'existait aucun livre évoquant l'histoire complète des sept merveilles, mises bout à bout, que j'aurais lues comme un roman. Est-ce ce qui a motivé ma vocation d'écriture ? Peut-être. En tout cas, j'ai toujours gardé ce projet dans un coin de ma tête, me disant qu'un jour, oui, un jour, je le ferais… Et je l'ai fait ! N'est-ce pas merveilleux ?

Hippolyte

Je suis illustrateur depuis huit ans et j'ai été amené à beaucoup voyager de par le monde. Des sept merveilles je n'ai pu voir que la grande pyramide de Khéops, seule survivante au temps et à la rage des hommes et des éléments. Les autres merveilles restent pour moi un rêve que je peux faire revivre grâce à mon crayon et aux fabuleux écrits qui nous restent. J'aurais un plaisir immense à faire découvrir tout cela à la merveille des merveilles, mon petit bout de chou, qui va lui aussi apprendre à découvrir et à aimer l'histoire de ce monde.

DANS LA MÊME COLLECTION

Contes et Légendes - Les Héros de la mythologie, Christian Grenier.
Contes et Légendes - La naissance de Rome, François Sautereau.
Contes et Légendes - Les Héros de la Rome antique, Jean-Pierre Andrevon.
Contes et Légendes - Les Métamorphoses d'Ovide, Laurence Gillot.
Contes et Légendes de la mythologie grecque, Claude Pouzadoux.
Contes et Légendes - Les Héros de la Grèce antique, Christian Grenier.
Contes et Légendes - L'Iliade, Jean Martin.
Contes et Légendes - L'Odyssée, Jean Martin.
Contes et Légendes - Les douze travaux d'Hercule, Christian Grenier.
Contes et Légendes - L'Égypte ancienne, Brigitte Évano.
Contes et Légendes du temps des pyramides, Christian Jacq.
Contes et Légendes de la mythologie celtique, Christian Léourier.
Contes et Légendes des Jeux d'Olympie, Brigitte Évano.
Contes et Récits des Jeux olympiques, Gilles Massardier.
Contes et Légendes des Vikings, Lars Haraldson.
Contes et Légendes - Les chevaliers de la Table ronde, Jacqueline Mirande.
Contes et Légendes - Le Moyen Âge, Jacqueline Mirande.
Contes et Légendes - Les Héros du Moyen Âge, Gilles Massardier.
Contes et Récits - Les grandes énigmes de l'histoire, Gilles Massardier.
Histoires et Récits de la Résistance, Christian Léourier.
Contes et Légendes de Paris, Stéphane Descornes.
Contes et Récits de la conquête de l'Ouest, Christophe Lambert.
Contes et Légendes d'Afrique d'ouest en est, Yves Pinguilly.
Contes et Légendes - La Corne de l'Afrique, Yves Pinguilly.
Contes et Légendes d'Arménie, Reine Cioulachtjian.
Contes et Légendes - Légendes de Bretagne, Yves Pinguilly.
Contes et Légendes de Provence, Jean-Marie Barnaud.
Contes et Légendes des fées et des princesses, Gudule.
Contes et Légendes des lieux mystérieux, Christophe Lambert.

Contes et Légendes de la peur, Gudule.
Contes et Récits des chevaux illustres, Pierre Davy.
Contes et Légendes des animaux magiques, Collectif.
Contes et Récits des héros de la montagne, Christian Léourier.
Contes et Légendes de la nature enchantée, Collectif.
Contes et Récits - Icare et les conquérants du ciel, Christian Grenier.
Contes et Légendes - Barberousse et les conquérants de la Méditerranée, Claire Derouin.
Contes et Légendes du loup, Léo Lamarche.
Contes et Légendes des Mille et Une Nuits, Gudule.
Contes et Récits des pirates, corsaires et flibustiers, Stéphane Descornes.
Contes et Légendes des Fantômes et Revenants, Collectif.
Contes et Récits du cirque, Laurence Gillot.
Contes et Légendes - Les amoureux légendaires, Gudule.
Contes et Récits - Alexandre le Grand, Dominique Joly.
Contes et Légendes - Rois et reines de France, Brigitte Coppin.
Contes et Légendes - Jason et la conquête de la Toison d'or, Christian Grenier.
Contes et Légendes des Mille et Un Jours, Sarah K.
Contes et Légendes des Elfes et des Lutins, Gudule.
Contes et Légendes des Cités et des Mondes disparus, Anne Jonas.
Contes et Légendes des Sorcières, Léo Lamarche.
Contes et Légendes des Ogres et des Géants, Gudule.
Contes et Légendes - Les Sept Merveilles du Monde, Anne Pouget.
Contes et Légendes - Carthage, Claude Pouzadoux.
Contes et Légendes - Légendes yiddish, Anne Jonas.

N° d'éditeur : 10181850 - Dépôt légal : septembre 2011
Imprimé en Espagne

CONTES ET LÉGENDES

La collection de la mémoire du monde

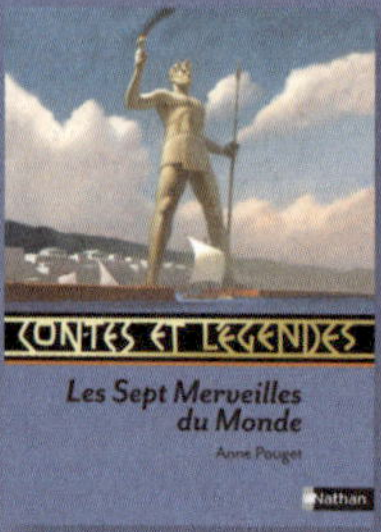